MiYA

MiYA

MiYA

MiYA

茂呂美耶
MIYA

字解日本

十｜二｜歲｜時

四季風情、節氣慶典

MiYA 字解日本

十｜二｜歲｜時

CONTENTS

春

夏

秋

冬

春
三月
四月
五月

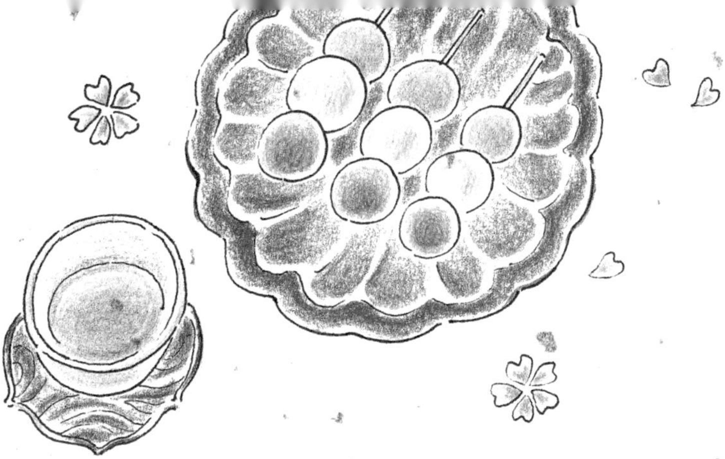

三月

さんがつ／Sangatsu

雛祭り——ひなまつり／Hinamatsuri（三月三日）

「雛祭り」就是女兒節，日本「五節句」（ごせっく／Gosekku）之一。「五節句」是一月七日七草粥、三月三日女兒節、五月五日端午、七月七日七夕、九月九日重陽，是江戶時代幕府所訂的正式節日、國定假日。明治維新後，採用新曆，廢除所有陰曆節句假日，只把五月端午訂為國定假日兒童節。

女兒節又稱「上巳」（じょうし／Zyo-shi）、「桃の節句」（もものせっく／Momo no sekku），也就是桃花節。這節日也是傳自古代中國，《論語》記載：「暮春者，春服既成，冠者五六人，童子六七人，浴乎七沂，風乎舞雩，詠而歸。」說的正是上巳節。

千年前平安時代（へいあんじだい／Heian jidai）宮廷貴族女子之間，便有互相在紙娃娃身上換穿衣服的遊戲，流傳到十四、十五、十六世紀的室町時代（むろまちじだい／Muromachi jidai），才逐漸統一在陰曆三月三日過節。到了江戶時代（えどじだい／Edo jidai），此節日才在民間盛行，也是在江戶時代，開始裝飾「雛人形」（ひなにんぎょう／Hina Ningyo-，雛人偶）。

右頁圖｜第一階是天皇、皇后內裏雛，關東地區是男左女右，關西地區是男右女左

左頁圖｜第二階是三人官女

雛人形材料起初是和紙或土製，後來演變為用白色貝殼灰畫五官，再穿上衣服。雛人形擺飾共有七階。

- 第一階：「**內裏雛**」（だいりびな／Dairibina），代表天皇、皇后的男雛和女雛，背後是金屏風。
- 第二階：「**三人官女**」（さんにんかんじょ／Sanninkanjo），宮廷女官，手持喜酒、祝杯、祝壺。
- 第三階：「**五人囃子**」（ごにんばやし／Goninbayashi），宮廷演奏隊，自左而右依次是「太鼓」（たいこ／Taiko）、「大鼓」（おおつづみ／Ohtsudumi）、「小鼓」（こつづみ／Kotsudumi）、「笛」（ふえ／Fue）、「扇」（おうぎ／O-gi）。
- 第四階：「**隨身**」（ずいしん／Zuishin），兩側各是左大臣、右大臣，中間擱放料理。
- 第五階：「**仕丁**」（しちょう／Shicho-），中央是三名僕人，左側是橘，右側是櫻。
- 第六、七階：「**道具**」（どうぐ／Do-gu），擺飾嫁妝家具和牛車、轎子等等。

右頁圖｜第三階是五人囃子

左頁圖｜雛人形總計七階

關東地區和關西地區（京都）的第一階雛人擺飾位置相反，從正面看去，關東地區是男左女右，關西地區則是男右女左。而自古以來雛人形擺飾都是以京都式為主，關東地區是大正天皇（たいしょうてんのう／Taisho-tenno-）以後才仿效西洋式站法。

由於整套價格昂貴，現代有各式各樣的迷你型雛人形，可以逐年添購補充。雛人形可以代代相傳，有些名門世家，每年擺飾的雛壇都很壯觀。祖先是諸侯大名的世家，雛人形均有幾百年歷史，可列為國家指定特別文物。

女兒節的應節料理是「五目ちらし寿司」（ごもくちらしずし／Gomoku chirashizushi，花壽司）、「菱餅」（ひしもち／Hishi mochi）、「雛あられ」（ひなあられ／Hinaarare）、「ハマグリの吸い物」（ハマグリのすいもの／Hamaguri no Suimono，文蛤湯）、「白酒」（しろざけ／Shirozake，白色甜酒）。也有人在這天做「手毬壽司」（てまりずし／Temarizushi），花壽司和手球壽司都很花俏，適合女生。

由於文蛤貝殼只能是唯一的一組，只有成雙的貝殼才能合，象徵女孩子的貞操，這天喝文蛤湯，是希望女兒將來能嫁個好丈夫。文蛤貝殼內側塗上金銀繪畫，可以玩一種找成對貝殼的遊戲，此遊戲自平安時代便有，稱為「貝合わせ」（かいあわせ／Kaiawase，貝合）。看官們若到京都旅遊，不妨逛一下土產店找找「貝合」文蛤，非常漂亮。

右頁圖｜第七階是牛車、家具等道具

左頁圖｜手毬壽司

「雛あられ」是乾燥碎麻糬，通常是粉紅、綠、黃、白四色，代表春、夏、秋、冬四季。關東地區是甜爆米花，關西地區則是直徑一公分左右的鹹炸麻糬，在古代是一種可攜帶糧食。「菱餅」是粉紅、綠、白三層的和菓子，粉紅表示桃花、綠是草木、白是白雪，整體表現出來的意思是白雪融化，草木萌芽，桃花開了，春天即將來臨。

往昔過陰曆，剛好是桃花季節，現在以陽曆為生活步調，根本不適合花開季節。三月初的關東地區仍處於寒冬時期，裝飾的桃花和油菜花都是花店在溫室栽培出的。每年碰到女兒節時，我總是覺得還是過陰曆節較好，至少符合大自然的花開節奏。

四月一到，關東地區到處可以看到盛開的桃花和油菜花，每次看到這種景色，往往會令我想起女兒節買的那種虛弱桃花和油菜花，也再次深感過陰曆節比較合理。

雛人形要在三月三日前一星期裝飾完畢，三月四日收拾，最遲在三月中旬之前就得收拾完畢，否則女孩子將來會嫁不出去。除了裝飾雛人形，日本各地仍有「流し雛」（ながしびな／Nagashibina）習俗，把紙製人形擱在竹皮或稻草船放入河流，祈求身體建康、平安無事。

最近有很多迷你型雛人形，非常可愛，有陶製也有布製，形形色色。我每年光是收集這些不同樣式的迷你雛人形，就會讓錢包餓肚子。

右頁圖｜迷你雛人形、桃花、貝合

左頁圖｜每年都令作者錢包餓肚子的迷你雛人形

雛祭是專為女孩子辦的女兒節

白色情人節——ホワイトデー／Howaitode-／英文：White Day（三月十四日）

男生在白色情人節這天要送回禮給於情人節送巧克力的女生。原本回禮是送棉花糖，後來演變為送白色糖果或白色巧克力。這節日是日本特有的習俗，歐美諸國沒有此節日。

情人節巧克力

春分の日——しゅんぶんのひ／Shunbun no hi
春のお彼岸——はるのおひがん／Haru no ohigan（三月二十一日前後一星期）

以春分為準，前後各三天，總計一星期的掃墓節。除了去掃墓，還得在「仏壇」（ぶつだん／Butsudan，供奉已故家人牌位的佛龕）擺供「供物」（くもつ／Kumotsu），祭祀已故家人。

「彼岸」（ひがん／Higan）是佛教用語，意味所有煩惱都已滅絕，身在對岸的人。生者（此岸）與死者（彼岸）之間隔著一條河川，日語稱這條河川為「三途の川」（さんずのかわ／Sanzu no kawa）。而所謂「三途」（さんず／Sanzu），正是「三惡道」（さんあくどう／Sanakudo-），即「畜生」（ちくしょう／Chikusho-）道、「餓鬼」（がき／Gaki）道、「地獄」（じごく／Jigoku）道。

春分是國定假日，也是歌頌大自然、疼惜各種生物的日子，跟西歐國家的「イースター」（E-suta-／英文：Easter，復活節）類似。西歐人在復活節習慣贈彩蛋，日本人在這天要吃「ぼたもち」（Botamochi，牡丹餅），是一種將糯米和白米混合煮熟，捏成飯糰，外層裹紅豆泥或「きなこ」（Kinako，黃豆粉）的和菓子。

日本人於春彼岸吃的牡丹餅

卒業式——そつぎょうしき／Sotsugyo-shiki（三月末）

台灣唱驪歌的季節是鳳凰花開之時，日本的離巢時令是春寒料峭之際。「卒業式」正是畢業典禮，高中通常在上旬，小學、國中在中旬，大學則在下旬舉行。根據我的經驗，畢業典禮比入學典禮莊重，參與典禮的父母大多穿黑色正式禮服，有洋裝也有和服，總之日本已婚婦女的正式禮服均是黑色。

大學女子的畢業服裝最豪華，穿的是「袴」（はかま／Hakama），就是上半身是和服，下半身是寬鬆褶裙褲。小、中、高生通常穿制服，學校沒有制服的小學生則穿西裝（下半身是短褲）、洋裝。

日本的小學有各種家長必須參加的節目，不管母親是職業婦女或家庭主婦。小學畢業典禮時，當媽媽的也得上台表演節目，進行「謝恩會」（しゃおんかい／Shaonkai），所以媽媽是泥菩薩過河，自身難保，根本無暇體會驪歌的悲切情懷。

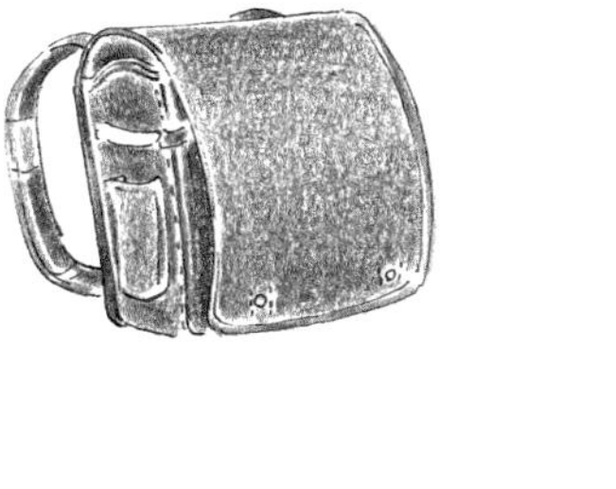

不過國中生的畢業典禮可就完全兩樣。國中雖然也有家長觀摩日、運動會等，只是家長參與的機會比起小學較少。我家大兒子國中畢業典禮那天，我坦然自若地參加，歸程卻紅著雙眼回家。更記得當時體育館沒暖氣，媽媽們凍得頻頻離座找廁所。

兩年後，二兒子的國中畢業典禮時，因有過一次經驗，本以為不會歷史重演，豈知仍是紅著雙眼回家。親眼看到畢業生哭得眼皮紅腫，老師也個個淚眼汪汪，來賓席上的媽媽們都在皮包裡找手帕，再鐵石心腸的人恐怕也會陪著掉淚。

就我的經驗來說，幼稚園的畢業典禮最豪華。不是畢業生穿著豪華，而是媽媽們花枝招展、朝氣蓬勃（年輕嘛），彷佛在表演服裝秀。

畢業證書

四月

しがつ／Shigatsu

入学式——にゅうがくしき／Nyu-gakushiki（四月初）

四月是日本新年度的開始。大自國家政策，小至升學典禮、入學典禮、狗狗的狂犬病預防針接種都在四月齊步進行。媽媽在入學典禮也要打扮一番，服裝不必是正式禮服，一般外出用套裝便可以。根據我近幾年的觀察，發現媽媽們在孩子入學典禮時穿的服裝都是粉紅、粉黃、粉綠的春色套裝。每年四月初，在幼稚園或小學正門看到這類打扮的媽媽時，我才會驚覺又一年過去了。

大學生的媽媽在孩子畢業典禮時，打扮沒幼稚園或小學那麼俏麗。我參加過兒子的大學畢業典禮及碩士班畢業典禮，因路途遙遠，兩次都沒穿正式套裝，只是打扮得比平常光鮮亮麗一些，這才發現其他許多媽媽也沒穿正式禮服。或許因為大學生通常都離家到遠地讀書，也或許待孩子大學畢業時，媽媽頭上早已長出白髮，沒心情打扮了。

最花錢的大概是小學畢業典禮和入學典禮。媽媽倒還無所謂，家中只要有一套黑色禮服，不管婚禮或葬禮都用得到，只要換首飾、皮包之類的裝飾品即可。但小學生正值發育期，入學典禮時買一套西裝短褲，畢業典禮時再買一套，而且通常只穿一次便無用武之地，真是浪費。像我家這種膝下只有兩個彼此相差兩歲的兄弟，還可以把哥哥的西裝短褲留給弟弟穿，否則一套小西裝貴得要命，父母不頭痛才怪。所幸有親朋好友的紅包補助，這類紅包不用回禮，讓孩子寫封道謝信就行了。

小學生的入學典禮

日本為什麼會在四月入學呢？因為櫻花在四月開嗎？當然不是，全國各地的櫻花並非在同一時期盛開，入學典禮有櫻花陪襯的只限關東地區。在一百五十年前的江戶時代，庶民小朋友上私塾，武士階級子弟上藩校（相當於縣立學校），沒有所謂的入學典禮，一年四季三百六十五天隨時都可以入學。明治維新後，引進西洋教育，高等教育在九月入學是主流。後來因富國強兵政策，自一八八六年起，政府的會計結算年度改為四月至翌年三月，陸軍入伍申請也提早至四月。

高等師範學校大概深恐優秀人才都被陸軍搶光，也慌忙把入學時期改在四月。兩年後的一八八八年，全國師範學校都統一在四月入學。此時，各家國立大學和高等學校依舊維持九月入學制度。一九一九年，高等學校改在四月入學；一九二一年，國立大學終於也更改了入學時期。

日本的四月入學制度已有百年歷史，身為關東人的我還是比較喜歡櫻花簌簌飛舞的四月入學制度。而且日本的入學典禮和畢業典禮均很莊嚴，不像其他國家那般簡便，父母都要穿正式禮服參加以示隆重。

幼稚園的入園典禮

花祭り——はなまつり／Hanamatsuri
灌仏会——かんぶつえ／Kanbutsue（四月八日）

相傳釋迦牟尼出生時，即朝四方各行七步，一手指天，一手指地，説道：「天上天下，唯我獨尊」（てんじょうてんげ，ゆいがどくそん／Tenjo-tenge，Yuigadokuson）。後人將「唯我獨尊」解釋為高傲自大，目空一切，但真正意思是指「天上天下所有生物都是獨一無二的尊貴存在」。

釋迦牟尼在日本簡稱「釈迦」（しゃか／Shaka），口語稱「お釈迦様」（おしゃかさま／Oshakasama）。這天，全日本的佛教寺院都會舉行「灌仏会」，俗稱「花祭」，就是在寺院內設置「花御堂」（はなみどう／Hanamido-），讓參拜客在中央的釋迦雕像澆三次「甘茶」（あまちゃ／Amacha，學名：*Hydrangea macrophylla var. thunbergii*，藥草茶）的儀式。

「花御堂」象徵釋迦出生地「ルンビニ」（Lunbini／藍毗尼／英文：Lumbini）花園，而「甘茶」則源自釋迦出生時，據説有兩條龍，一吐溫水，一吐涼水，為他洗浴的典故。因此日本的「灌仏会」相當於中文的「浴佛日」。

卯の花，溲疏

甘茶是藥草茶，可以帶回家喝，對糖尿病、胃腸病有益。除了甘茶，寺院內還有賣薺菜和「卯の花」（うのはな／Unohana，溲疏），前者掛在半空中可避蚊，後者用來觀賞。

這天通常吃綠色和菓子「草団子」（くさだんご／Kusadango），就是將「蓬」（ヨモギ／Yomogi，艾草）嫩芽煮熟磨碎，放入糯米粉中揉成湯圓，煮熟冷卻再沾紅豆泥或黃豆粉吃。有點類似中國南方傳統小吃的艾糍，只是裡面沒有餡料而已。

十三参り——じゅうさんまいり／Ju-san mairi（四月十三日）

無論男孩或女孩，在十三歲（滿十二歲）這個年齡，精神和肉體均極為不安定，尤其是女孩子，月經初潮往往在此時來臨，可以說一半是孩子，一半是女人。而就「干支」（かんし、えと／Kanshi、Eto）來說，也剛好過了一輪，所以要到神社或寺院參拜，祈求神祇賜予智慧，以便能平安度過敏感發育期，故又名「智恵もらい」（ちえもらい／Chiemorai，討智慧）。

一般說來，關西人非常注重此儀式，關東人則比較罕見。京都嵐山（あらしやま／Arashiyama）法輪寺（ほうりんじ／Ho-rinji）正是著名的「十三參」寺院。

女孩子在這天參拜時通常穿未婚女子正式禮服的「振袖」（ふりそで／Furisode），男孩子則穿「羽織袴」（はおりはかま／Haori Hakama，男子和服上再加一件外褂和摺裙褲）。

到寺院參拜後，小朋友用毛筆寫一個自己喜歡的漢字，獻納給神祇。歸途，直至走出神社鳥居都不能回頭，否則據說神祇賜予的智慧會消失。京都法輪寺的參拜方式是過了渡月橋（とげつきょう／Togetsukyo-）之前都不能回頭。

花見——はなみ／Hanami（四月上旬）

每逢四月，在日本搭電車時，車窗外一路都可見盛開的櫻花，騎自行車到超市買菜時，馬路兩側也是一整排粉紅櫻花，很漂亮。不用特地到山上或某某名勝地區去人擠人，稍一出家門就可賞「櫻」（サクラ／Sakura）。可惜櫻花壽命很短。風一颳、雨一淋，便四下紛飛，毫不體恤賞花人的憐惜與哀嘆。開花時，大大方方地全體綻放；落櫻時，頭也不回地隨風而去。日本人很欣賞櫻花這種武士精神。

仔細想想，日本關東地區真正的夏季頂多僅有兩個月，因此關東人一提起「夏」（なつ／Natsu），通常帶有幾分憧憬更有幾分雀躍。曾經有網友問：「常在日劇中看到櫻花開時，許多人會到公園鋪墊子賞花，是真是假？」又問：「櫻花在日本是幾月開？櫻吹雪跟下雪有關嗎？」

日本是橫長島國，東西氣溫差距很大，所以賞櫻時期也不均一。沖繩群島的櫻花大致在二月開，北海道要等到六月。關東地區通常在四月才是賞櫻時期。

左頁圖｜櫻吹雪

每逢初春，電視新聞每天會報導賞櫻最新消息，告知「櫻前線」（さくらぜんせん／Sakura zensen）目前正在何處飛舞。「櫻前線」由九州南部開始盛開，自三月下旬到五月上旬一路往北海道衝鋒。不過最近因為「地球溫暖化」（ちきゅうおんだんか／Chikyu-ondanka，全球暖化）現象，「櫻前線」變得有點複雜，不再是一直線。

「櫻吹雪」（さくらふぶき／Sakurafubuki）是櫻花盛開時，小小粉紅花瓣隨風滿天飛舞的光景。那光景不是跟細雪紛飛時很相像？每當我漫步在粉紅花瓣翩然飛舞的櫻花街道時，總覺得如臨仙境，再大的煩惱也會暫且拋在腦後。其他花木紛飛時則稱為「花吹雪」（はなふぶき／Hanafubuki），這是俳句春季季語之一。

至於到公園鋪墊子賞花，是真有其事。其他地區我不太清楚（據說沖繩縣沒有賞櫻習慣），但就關東地區來講，四月時氣溫乍暖還寒，時時在一、兩天內氣溫就相距十度以上。所以櫻花盛開時期，若碰到天氣好的週末週日，就會邀親朋好友到公園賞花。此時，賞花目的不僅是去看櫻花而已，還包括親睦敘舊，因此會各自帶草蓆、便當、飲料、酒類，找個適當場所談天說地至傍晚。

而且根據陰陽道説法，櫻花樹蔭是「陰」（いん／In），宴會是「陽」（よう／Yo-），陰陽和合，屬吉。若以科學根據來説，櫻花花粉含有燐和硫磺，對健康有益。這天，女人一大早就得準備便當，用三個或四個重疊的四方形「重箱」（じゅうばこ／Ju-bako），各自裝滿飯糰、三明治、佐菜、水果等。中午，再於蓆子中央排開各家帶來的便當，大家一起用餐。

千萬不能到超商買現成食物來獻醜，否則，不僅是在家掌廚的妳，連妳的先生都會丟盡面子。在日本，妻子的表現相當於丈夫所能得到的分數，而妻子會不會掌廚，光看賞花便當便能一目瞭然。

花見便當，飯糰做成櫻花形狀

公司企業或團體也會辦賞花活動。從事前甄選場所、當日便當、租借卡拉ＯＫ音響、飲料、酒類，直至曲終人散後收拾垃圾等善後瑣事，都由當年的「幹事」（かんじ／Kanji）一手包辦。剛進公司的新生通常奉命一早就到現場占場地，只要先舖下草蓆，再掛上公司名牌，留一、兩人看守，別人不會來搶地盤。

我個人主觀地認為，要判斷一個男人能不能幹，就看他能不能成功舉辦賞花活動。因為「忘年會」（ぼうねんかい／Bo-nenkai，年終聯歡會）、「新年會」（しんねんかい／Shinnenkai，年初聯歡會）通常只要租個場地便行，反正是室內活動，不會出什麼大問題。但賞花活動是室外，條件是櫻花樹下，而且是公共場所，倘若缺乏能臨機應變的頭腦，恐怕無法滿足數十人的要求。況且大家酒一下肚，會發生什麼事，誰能預知？

賞花時期稱為「花見時」（はなみどき／Hanamidoki）；夜晚賞櫻是「夜桜」（よざくら／Yozakura）；待櫻花謝落，樹枝長出嫩葉時叫「葉桜」（はざくら／Hazakura）。賞櫻時吃的和菓子是紅、白、綠三色糯米糰串成一根的「花見団子」（はなみだんご／Hanamidango，賞花糰子），或用櫻葉裹紅豆泥麻糬的「桜餅」（さくらもち／Sakuramochi）；泛舟在河川賞櫻名為「花見船」（はなみぶね／Hanamibune）；宴會場地四周圍起的紅白帳幕叫「花見幕」（はなみ

右頁圖｜無論企業或學校都會來搶地盤

左頁圖｜家家戶戶在櫻花樹下賞櫻

まく／Hanamimaku）；而無論賞花人喝的是什麼酒，通稱為「花見酒」（はなみざけ／Hanamizake）。

看吧，不過是賞花而已，就有這麼多跟櫻花有關的名詞，所以日本有句「諺」（ことわざ／Kotowaza，熟語、諺語）：「花より団子」（はなよりだんご／Hana yori dango），意思跟中文的「醉翁之意不在酒」剛好成對比。後者本指喝酒時意不在酒，而在寄情風花雪月，後比喻別有用心；而日本的「花より団子」（花不如糰子）是諷刺人們本來目的在於賞花，卻變成飲酒作樂為重，後比喻捨華求實。

ゴールデンウィーク——Go-ruden Wi-ku／

英文：Golden Week（四月下旬～五月初）

黃金週簡稱GW，時期在四月下旬至五月初這段期間，別稱「大型連休」（おおがたれんきゅう／Ohgata Renkyu-），因為不一定只有一星期假日，若加上前後的週末週日，約有十天左右。這個詞原是電影業界專用名詞，指正月和盂蘭盆節票房高漲的期間，所以日本NHK和某些電視台都用「大型連休」來形容，而一般口語則通稱「ゴールデンウィーク」。

四月二十九日是「昭和の日」（しょうわのひ／Sho-wa no hi），為已故昭和天皇的生日。五月三日是「憲法記念日」（けんぽうきねんび／Kenpo-kinenbi）。五月四日則是「みどりの日」（みどりのひ／Midori no hi，綠之日），這天在日本所有的國立公園都免費開放，舉行各種花草植物活動，讓國民親近大自然，加深綠化意識。五月五日是「こどもの日」（こどものひ／Kodomo no hi，兒童節）。而五月一日是「メーデー」（Me-de-／英文：May Day，國際勞動節），有些公司會放假。

右頁圖｜花見団子

上述那些國定假日若碰上週末，隔週還有個「振替休日」（ふりかえきゅうじつ／Furikae Kyu-jitsu），補休之意，因此一般上班族可以自四月二十九日連續放假至五月六日，但是學校則按照法定假日放假，也就是說，學生在四月三十日至五月二日這三天要上學。

這期間，很多人都到國外旅遊，而東北地方剛好是櫻花盛開時期，關東地方則是藤花、薔薇、新綠等晚春時期，氣溫不冷不熱，很適合郊遊。只是，假日過後，許多大學新生和四月剛出社會的新職員很容易患上「五月病」（ごがつびょう／Gogatsubyo-），是一種無法適應新環境的憂鬱症。

我在五月這段期間都乖乖待在家裡趕稿，反正這期間無論到哪裡，不但交通堵塞，飯店、旅館費用也比平日昂貴，待在家裡陪我家那三個萬兩少爺（貓兒子）玩比較省事。

五月

ごがつ／Gogatsu

八十八夜——はちじゅうはちや／Hachiju-hachiya（五月二日）

「八十八夜」指立春後第八十八天，算是初夏，俗稱「八十八夜の別れ霜」（はちじゅうはちやのわかれじも／Hachiju-hachiya no wakarejimo，八十八夜別離霜），意思是四月晝夜溫差很大，時常下「遲霜」（おそじも／Osojimo，晩霜），但只要過了八十八夜，氣溫會穩定下來，不再下霜，對農作物來說是吉日。

這天過後，日本全國各地會開始採茶，這時期採的茶叫「一番茶」（いちばんちゃ／Ichibancha），尤其在八十八夜採的「新茶」（しんちゃ／Shincha），據說喝了後可以長壽。電視也都會報導全國各地的採茶光景。

日本茶幾乎全是「綠茶」（りょくちゃ／Ryokucha），最普遍的是「煎茶」（せんちゃ／Sencha，中級綠茶）。泡茶時先用滾燙開水溫一下「急須」（きゅうす／Kyu-su，茶壺）和「茶碗」（ちゃわん／Chawan），再用七十度左右的開水泡一、二分鐘，倒茶時要全部倒光，不能讓茶葉泡在茶壺內。第二次後則用滾燙開水，泡三十秒即可。總之，日本茶不能像中國茶那般長期泡在茶壺內。

右頁圖｜煎茶送禮

左頁圖｜綠茶

「番茶」（ばんちゃ／Bancha）算是最便宜的綠茶，也就是晚茶、粗茶。最高級的是「玉露」（ぎょくろ／Gyokuro），要用六十度左右的低溫開水泡，因為「玉露」有甜味，若用滾燙開水泡，會泡出苦味。我平常比較喜歡喝「玄米茶」（げんまいちゃ／Genmaicha），雖然不是高級茶，但用滾燙開水沖泡時，混在茶葉中的炒熟「玄米」（げんまい／Genmai，糙米）會噴出一股香味，我很喜歡那股香味。

日本人泡茶時，若碰到「茶柱」（ちゃばしら／Chabashira，茶葉莖）在茶壺內豎起，表示那天有好事降臨，也會因此而開心。雖是一種民間信仰，但茶葉莖豎起的概率確實很低，沒必要嗤笑那是迷信。

各位看官往後早上喝茶看到茶葉莖豎起時，不妨相信當天肯定有好事降臨，用筷子夾起那根茶葉莖放入口袋，再懷著愉快心情出門上班，搞不好真的會福從天降。反正笑可治百病，日文有句諺語「笑う門には福来たる」（わらうかどにはふくきたる／Waraukado niwa fuku kitaru），翻成中文是「福臨笑家門」，我想，幸運女神總是跟隨笑聲而來。

順便提一下「お茶漬け」（おちゃづけ／Ochaduke），也就是茶泡飯。曾經有台灣朋友誤會茶泡飯只是把茶水沖在白飯上，沒什麼好吃的，其實茶泡飯種類非常多，可以加「辛子明太子」（からしめんたいこ／Karashimentaiko）、不辣的「鱈子」（たらこ／Tarako，鱈魚魚卵）、「梅干し」（うめぼし／Umeboshi，醃梅）、「漬物」（つけもの／Tsukemono，醃菜、鹹菜、醬菜）、「シャケ」（Shake，鹹秋鮭）、「塩辛」（しおから／Shiokara，鹹烏賊）等等。

而且不一定非茶水不可，湯汁也可以。夏天缺乏食慾或喝酒喝到最後想填飽肚子時，茶泡飯是最佳選擇。居酒屋都有各式各樣茶泡飯，到日本觀光的旅客可以嘗試一下，真的非常好吃。

上圖｜茶漬、茶泡飯

下圖｜綠茶

端午——たんご／Tango
子供の日——こどものひ／Kodomo no hi（五月五日）

這天雖是國定假日兒童節，但也是端午節，更是為男兒慶祝的傳統節日，通稱「端午の節句」（たんごのせっく／Tango no Sekku）。

江戸時代，有男兒的家庭都在院子掛上染家紋或「鍾馗」（しょうき／Sho-ki）像旗幟，家中擺飾頭盔、菖蒲長刀、刀箭、火繩槍、武將人偶，屋簷裝飾「菖蒲」（しょうぶ／Sho-bu）。

江戸人掛的鍾馗像旗幟源自於中國民間傳說故事。據說唐明皇（玄宗）於開元年間，講武驪山，回宮後得了瘧疾，臥病在床一個多月。病中某夜夢見一大鬼吃一小鬼。小鬼偷了楊貴妃的紫香袋和明皇的笛子，繞殿奔逃；大鬼戴帽袒露兩臂，抓住小鬼，挖出小鬼眼珠子吃掉。大鬼自稱「鍾馗」，說是首應武舉未中，死後決心與明皇除盡世間妖孽。明皇醒後，病竟痊癒，於是命吳道子繪巨眼、多髯、黑衣冠的鍾馗像，貼於門上驅鬼，後流傳於民間。

右頁圖｜五月人形，頭盔、刀劍、火繩槍

左頁圖｜漫天飛舞的鯉魚旗

日本傳統能樂也有鍾馗這齣演出節目，戰國時代武將本多忠勝（ほんだただかつ／Honda Tadakatsu，一五四八～一六一〇）、前田利家（まえだとしいえ／Maeda Toshiie，一五三九～一五九九）等，甚至將鍾馗像當作旗號。

現代人掛的是「鯉幟」（こいのぼり／Koinobori，鯉魚旗），表示鯉躍龍門，希望兒子將來能出息。公寓族都在陽台掛迷你鯉魚旗。

男兒節跟女兒節一樣，也要裝飾人形，稱為「五月人形」（ごがつにんぎょう／Gogatsu Ningyo-）。關東人吃的和菓子是「柏餅」（かしわもち／Kashiwa Mochi），關西人則吃「粽」（ちまき／Chimaki）。

「柏」指的是槲樹（學名*Quercus dentata*），槲樹若不發嫩芽，老葉不落，在日本意味子孫繁榮。「柏餅」是用槲樹葉包麻糬的甜點，包外葉的表示裡面是紅豆餡，包裡葉的則是味噌餡。西部地區因槲樹不易入手，通常用菝葜（金剛頭、鐵菱角、山歸來）葉子代替。

夜晚泡「菖蒲湯」（しょうぶゆ／Sho-buyu），超市在這天都會賣一束一百五十日圓的菖蒲葉，放入熱水浴缸內，有一股清香味，而且可促進血液循環，也有止痛效用。菖蒲跟花菖蒲不一樣，葉片筆直如劍，中文是白菖、水菖蒲。「菖蒲湯」是俳句五月季語之一。

右頁圖｜五月人形，金太郎

左頁圖｜菖蒲、柏餅、粽

女生可以用菖蒲葉玩占卜遊戲，在葉子中央打個結，掛在屋簷下祈願。倘若蜘蛛在葉上結網，表示願望可以實現。不過，可千萬別祈願能瘦身或早上醒來就變成大美人那類的，我想，這類祈願大概永遠無法實現。想瘦身就少吃一點或去運動；想變成大美人，依我的看法，盡量保持心情愉快，面露笑容，那麼無論老幼，每個女生都是大美人。倘若妳不相信，從今天起注意觀察妳周遭每位女生（包括情竇未開的小女生或老邁龍鍾的阿嬤），我敢保證，一定可以找出令妳覺得對方很美的某個瞬間表情。

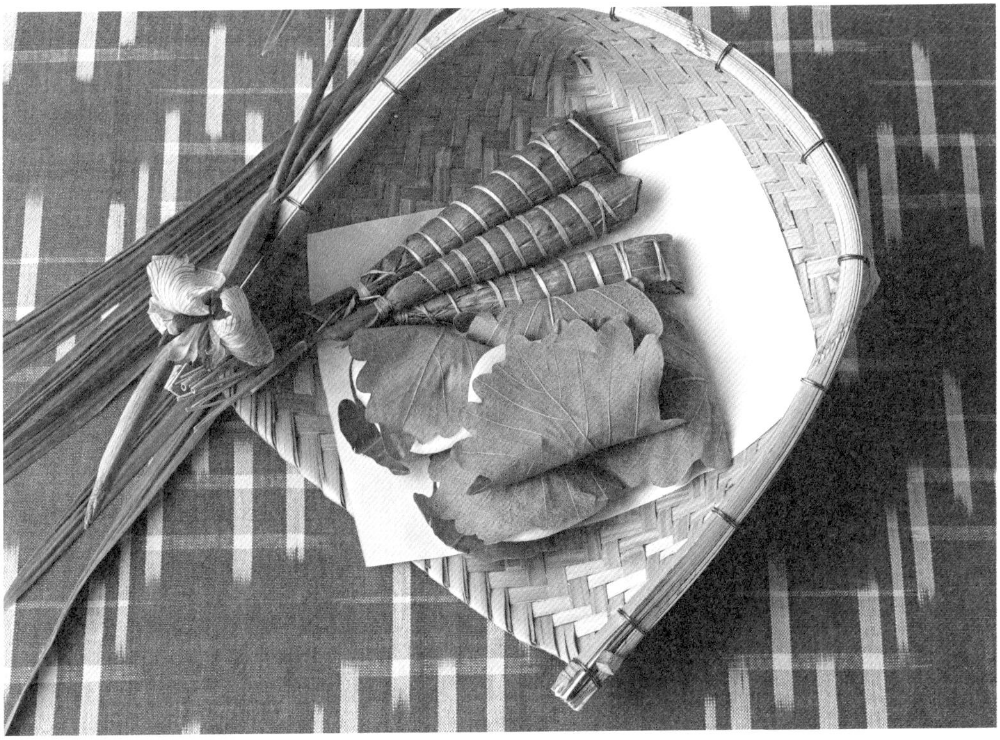

母の日——ははのひ／Haha no hi（五月第二個星期日）

母親節不是日本的傳統節日，但自明治時代起便有母親節，當時是基督教徒的慣例儀式，在日本算來也有百年歷史。不過昭和時代以當時的皇后生日為準，定在三月六日，一九四九年起才仿效美國，改為五月第二個星期日。這天，子女通常都送「カーネーション」（Ka-ne-shon，康乃馨）給母親，此時期是花店旺季。

康乃馨的「花言葉」（はなことば／Hanakotoba，花語），紅色是母愛、真實的愛、熱情；粉紅是感謝、溫暖；白色是尊敬、純愛；紫色是榮譽、高尚；黃色是嫉妒、愛情動搖、友情。

我不喜歡康乃馨，所以每年母親節時，我都利用網路購物送其他花束給我母親。而我自己，除了兒子讀小

學時送過紅色康乃馨和啤酒罐給我，之後就從未收過兩個兒子送的鮮花。這年頭，養兒子很無趣，連送一束鮮花都辦不到，頂多可以在當天收到一封電子信而已，內容也是無趣的「母親節快樂」字眼。

快樂你個頭，我要的是鮮花，而且最好是香噴噴、有百合女王之稱的「カサブランカ」（Kasaburanka，英文：Casa Blanca，白色香水百合），要不然乾脆來個「花より団子」，送我一盒和菓子也不錯啊。

附帶一提，日本在法律上的母親節是五月五日兒童節，法律文書字面清清楚楚把兒童節訂為「尊重兒童人格，謀求兒童幸福，並感謝母親之日」。

右頁圖｜母親節送康乃馨

左頁圖｜作者想要的カサブランカ

夏
六月
七月
八月

たなばたまつり

六月

ろくがつ／Rokugatsu

更衣、衣替え——ころもがえ／Koromogae（六月一日）

狹義說來，「更衣」是指學生、公務人員、企業員工更換制服的日子。此風俗在千年前的平安時代是宮廷例行儀式，當時用陰曆，定在四月一日和十月一日。幫天皇更換衣服的女官職位稱為「更衣」（こうい／Ko-i），為避免誤解，民間才改稱「衣替え」（ころもがえ／Koromogae）。明治時代採用陽曆，更衣日也改為陽曆六月一日和十月一日。

廣義說來，是將家中所有裝飾品都換為夏季用品，例如「座布団」（ざぶとん／Zabuton，座墊）、「寝具」（しんぐ／Shingu，棉被、被單之類）、「履物」（はきもの／Hakimono，室內拖鞋或涼鞋）、「敷物」（しきもの／Shikimono，地毯之類）、「暖簾」（のれん／Noren，布簾）、「カーテン」（Ka-ten，窗簾）等等。

光換這些，室內便可以煥然一新，準備迎接夏季。衣櫥內的冬服全收藏在衣箱內，存進「押入れ」（おしいれ／Oshiire，壁櫥）內，再掛上夏服。

初次到日本旅居的外國人，碰上這兩天，都會覺得莫名其妙。在外國人看來，明明大家昨天都還穿著冬服，怎麼今早搭電車時，整個車廂內的乘客服裝都變了？不管當天是不是還冷得必須加外套，或熱得其實穿短袖比較適合，行政機關、銀行、企業、百貨公司員工也在同一天換穿夏季制服。

當然這並非日本人死腦筋，而是延續了千年以上的習俗，既改不掉也沒必要廢除。像日本這種四季分明的國家，服裝與室內裝飾隨著大自然換季，其實也是理所當然。

左頁圖｜將家中所有家具換季，可以煥然一新

入梅——にゅうばい／Nyu-bai（六月十一日左右）

一般口語稱「入梅」為「梅雨入り」（つゆいり／Tsuyuiri），「出梅」（しゅつばい／Shutsubai）為「梅雨明け」（つゆあけ／Tsuyuake）。沖繩縣在五月上旬便入梅，六月下旬出梅；關東地區是六月中旬入梅，七月下旬出梅。只有北海道沒有「雨季」（うき／Uki）。

梅雨跟櫻花一樣也有前線，稱為「梅雨前線」（ばいうぜんせん／Baiuzensen），自西往東移。梅雨期間，碰到連續幾天都是晴天時，叫「梅雨の中休み」（つゆのなかやすみ／Tsuyu no nakayasumi，梅雨歇止期）；晴天是「梅雨晴れ」（つゆばれ／Tsuyubare）；氣溫驟降時稱「梅雨冷」（つゆびえ／Tsuyubie）；而雨季期間不下雨叫「空梅雨」（からつゆ／Karatsuyu），會導致缺水。出梅日期較晚當年很可能成為「冷夏」（れいか／Reika），冷夏會影響農作物收成，蔬果類都會漲價。

紫陽花，繡球花

日本原產的雨季代表性植物是「アジサイ」（紫陽花／Ajisai，繡球花）。以前曾讀過一篇以繡球花花色為破案關鍵的推理短篇小說，由於繡球花花色可隨土壤的PH值變色，而凶手家的繡球花正因為變了花色，才讓辦案人員找到埋屍所在。這篇小說讓我印象深刻，害我每次看到繡球花，總會懷疑樹根底下是不是埋有屍體。

就個人嗜好來說，我很喜歡雨天。碰到梅雨期，我通常會打開二樓房間的窗戶，聽著窗外的淅瀝雨聲對著電腦打字寫稿，一轉頭，便可以望見隔著鄰家屋頂隨風搖曳的樹林枝頭。

有時心血來潮，用白布做了一大堆祈禱晴天的「てるてる坊主」（てるてるぼうず／Teruterubo-zu，晴天娃娃）人形，排排站地掛在窗口，再看著三個貓兒子為了抓那些人形，爭先恐後表演跳躍比賽，時常看得我呵呵笑。

據說晴天娃娃風俗也是傳自中國，明代《帝京景物略》載：「凡歲時不雨，小兒塑泥龍，張紙旗，擊鼓金，焚香各龍王廟；若雨久，以白紙做婦人首，剪紅綠紙衣之，以苕帚苗縛小帚令攜之，竿懸檐際，曰掃晴娘。」

只是，我在網路查出《帝京景物略》刊印於明崇禎八年（一六三五），而日本平安時代古籍《蜻蛉日記》（かげろうにっき／Kagero-nikki）已有類似晴天娃娃的描述。《蜻蛉日記》成書於九七五年。如此看來，即便是傳自中國，時代應該更早，也或許並非傳自中國，而是日本固有的一種咒術。

日本的晴天娃娃是男兒，非女兒。我做晴天娃娃的目的也不是真心想祈禱上天能放晴，完全是逗貓兒子玩。不過，倘若連續下一星期雨，我家冰箱就會鬧空城計，造成貓娘於下雨天沒飯吃的悲慘結果。

作者用來逗貓兒子的晴天娃娃

父の日——ちちのひ／Chichi no hi（六月第三個星期天）

母親節送康乃馨，父親節送玫瑰。美國於一九七二年正式制定為國定假日，日本則在五〇年代便廣為人知，只是當時扎根程度不及母親節。近年來，父親節已普及各個家庭，每逢父親節，超市和百貨公司會提前展示一大堆禮物樣品，似乎在提醒消費者別忘了買禮物送給爸爸。

不過世界各國的父親節日期都不一樣，台灣是八月八日，韓國是五月八日（雙親節），奧地利是六月第二個星期天，泰國是十二月五日國王生日那天，義大利和西班牙是三月十九日，澳大利亞和紐西蘭是九月第一個星期日，挪威、瑞典、芬蘭是十一月第二個星期日……

日本有個「父親節委員會」，提倡在父親節送黃色緞帶給父親，因為黃色象徵幸福與希望，該團體每年都會頒發黃緞帶賞給當年成為熱門話題的爸爸。

公園內的父女

黃色緞帶會令我想起英文歌「Tie A Yellow Ribbon Round The Ole Oak Tree」，同時也會想起山田洋次（やまだようじ／Yamada Yo-ji）導演，高倉健（たかくらけん／Takakura Ken）主演的那部經典名片「幸福の黃色いハンカチ」（しあわせのきいろいハンカチ／Shiawase no kiiroi hankachi，幸福的黃手帕）。

我的父親在我讀高中時便過世，我從未在父親節送過禮物給任何人。十年前，我曾寫了一篇文章悼念他，卻苦無機會收錄在自己的著作中。我想藉此機會將這封永遠無法寄出的信遞送至冥府，希望父親能收到……

父親，您還好嗎？最近心神不寧，很想再度趴在您背上靠靠。

前幾年，母親將您的骨灰送到台灣台南某宗教靈堂後，弟弟跟母親吵得天翻地覆，幾乎斷絕母子關係。母親說，她無法每逢盂蘭盆節同時祭奠兩個先後過世的丈夫；又說，她將來也會到那靈堂去，所以讓您先去等著。弟弟吵得她不耐煩，她只好用弟弟最難受的一句話頂回去：有本事你先結婚生子，再來談這件事！

其實，送您過去之前，母親跟我商量過。身為女兒的我，哪能表示意見？只是單純的認為這樣以後又多出一個回台的理由，於是便答應了。弟弟也是沒經過深思熟慮就點頭，事後才反悔：語言不通，多桑不是會過得更寂寞？何況宗教不同！

父親，您投胎轉世了嗎？在我周遭，我尋不到您的影子。

母親常說，您生前不顧家，是個自私的男人。不過，我知道您把朋友擺第一，其次才是家庭。母親脾氣火暴，您卻沉默寡言，為何會結為夫妻？對身為孩子的我們來說，這是個永遠解不開的謎。

每次自大海回來在家休息時，您時常心血來潮地張開雙臂，要孩子抓在手臂上盪來盪去，看看我們體重增加了沒有；更時常在午夜難耐孤寂，煮一鍋海鮮稀飯，叫醒孩子。孩子叫不醒時，您就把綠油精抹在孩子鼻下。這招非常有效。每年在您的忌日，我到弟弟那裡燒香喝酒，這些往事總會成為我們姐弟倆的下酒菜。妹妹對您的記憶不多，通常只能在一旁聽得津津有味。

父親，如果您還沒投胎轉世，等等我，好嗎？

小時候，每次您帶我們到廟口吃餃子或看電影，出門前，我總要先檢查一下您的服裝，再幫您把襯衫扣子重新扣好。因為您每次都會扣錯。沒有零用錢到租書店看漫畫時，我總是習慣趴在您背上，再悄悄在您耳畔撒嬌說：「歐多，要不要買米酒？」因為我可以得到買米酒時找回的五毛錢。

升國中後，每次跟您玩撲克牌，您總是會趁我分心時伸手扒一下我的衣領，探頭瞄一眼笑說：「怎麼還沒有長大？」動作快得有如神偷。害我每次玩撲克牌時，不但得注意手中的牌，還得防備不知何時會探到胸前來的那隻怪手。

升高中後，有一次我做宵夜，不小心將熱油潑到手上。那時，您跑到街頭，沿街大力敲擊每家藥房的百葉窗。兩個小時後，您才買到藥回來，幫我擦藥，並小心翼翼為我纏上繃帶。

所以，父親，如果您還沒投胎轉世，等等我，我要當您下輩子的妻子。

父親，台灣大拜拜時，您有吃到盛餐嗎？

猶記得，母親吵著要跟您離婚時，您的條件只有一個：「我要Miya。」可是母親也不放我走，於是，您們成了貌合神離的夫妻。到了這個年紀，我非常明白，男女可以在一夜之間結為夫妻，卻很難夜夜都相親相愛這個道理。因此，我不會怪您沒經營好一個幸福家庭。

二十歲時，我放棄學業，毅然嫁給一個大我十一歲的男人，母親當時只是說：「要是妳父親還在，一定會將他揍死！」三十過後，我將丈夫拱手讓給第三者，母親仍是那句話：「要是妳父親還在，就算他有幾條命，肯定也活不了！」我也認為母親說得很對。

歐多桑，我這生最大的遺憾，就是從未跟您相向把盞過。所幸，歐多桑，您生前最大的幸福，正是在我還未為了別的男人心蕩神馳之際，您就走了。

歐多，女兒想您，在鬼月的深夜。

作者獻給亡父的花束

七月

しちがつ／Shichigatsu

七夕——たなばた／Tanabata（七月七日）

七夕唸成「たなばた／Tanabata」，語源是來自織女織布的「棚織」（たなばた／Tanabata）。往昔都在陰曆舉行（陽曆八月中旬），可以看到清澈的上弦月夜空，如今日本大部分地區所有節日均採用陽曆，關東地區七月正逢梅雨期，能看到「天の川」（あまのがわ／Amanogawa，銀河）的概率較低。而七夕那天下的雨稱為「催涙雨」（さいるいう／Sairuiu）或「洒涙雨」（さいるいう／Sairuiu），意味牛郎與織女相逢時流的淚水。

牽牛星的日語是「彦星」（ひこぼし／Hikoboshi），織女則為「織姫」（おりひめ／Orihime）。源起於中國漢代的牛郎織女悲戀傳說，七世紀透過遣唐使傳入日本，與日本固有的各種織女傳說結合，成為宮廷例行儀式，江戶時代才擴展為民間祭典。

七世紀後半至八世紀後半編纂成的日本現存最古和歌集《萬葉集》（まんようしゅう／Manyo-shu-）巻十中，有兩首著名的七夕和歌：

七夕也吃五目散壽司

織女（たなばた）の
今夜（こよひ）逢（あ）ひなば
常（つね）のごと
明日（あす）を隔（へだ）てて
年（とし）は長（なが）けむ
（織女今宵會，相逢事不常，明朝離別後，相隔一年長。）

天漢（あまのがわ）
楫（かぢ）の音（おと）聞（きこ）ゆ
彦星（ひこほし）と
織女（たなばたつめ）と
今夕（こよひ）逢（あふ）らしも
（槳擊銀河水，聞聲戀意濃，牛郎同織女，今夕喜相逢。）

九〇五年成書的《古今和歌集》（こきんわかしゅう／Kokinwakashu-）也有不

少歌頌牛郎織女的和歌。

序文書寫於七五一年，日本現存最古的日本漢詩集《懷風藻》（かいふうそう／Kaifu-so-），更有許多原創日本漢詩，舉例如下。

聖武天皇時代大學頭山田三方，官位從五品下，「七夕」：

金漢星榆冷
銀河月桂秋
霊姿理雲鬢
仙駕度潢流
窈窕鳴衣玉
玲瓏映彩舟
所悲明日夜
誰慰別離憂

官位從五品下，吉智首，「七夕」：

冉冉逝不留
時節忽驚秋
菊風披夕霧
桂月照蘭洲
仙車渡鵲橋
神駕越清流
天庭陳相喜
華閣釈離愁
河横天欲曙
更歎後期悠

日本學問之神菅原道真（すがわらのみちざね／Sugawara no Michizane，八四五～九〇三）亦有一首原創漢詩「七月七日，代牛女惜曉更，各分一字」：

年不再秋夜五更
料知靈配曉來情
露應別淚珠空落
雲是殘粧髻未成
恐結橋思傷鵲翅
嫌催駕欲啞雞聲
相逢相失間分寸
三十六旬一水程

其他像是《枕草子》（まくらのそうし／Makura no so-shi）、《紫式部日記》（むらさきしきぶにっき／Murasakishikibu nikki）、《源氏物語》（げんじものがたり／Genjimonogatari）等古籍均有提到七夕。

十七世紀江戶時代，過七夕節的方式是在供奉台上擱置七個硯台，祈求孩子學業有成，再將瓜或鮑切成七片各放在七個盤子，然後點上七盞燈籠。私塾孩童必須寫俳句詩箋，老師再依成績順序由上至下將俳句詩箋繫於七夕竹上，算是一種期末考。

昭和三〇年代之前，日本各個家庭在七夕節這天，通常以凝聚在葉上的朝露磨墨，將願望寫在「短冊」（たんざく／Tanzaku，長條詩箋或五色紙條），再掛在「笹竹」（ささたけ／Sasatake，矮竹）裝飾於屋內，最後放入河川或大海。

現代因住居問題，在自家裝飾竹葉的家庭比較少見，但學校、超市、百貨公司、商店街等都會提前裝飾竹葉並準備五色短冊，讓孩子自由掛上祈願短冊。我記得我家孩子於小學、中學時，當天都會從學校帶回一根掛滿五顏六色短冊的竹葉，所以家中有孩子的家庭，基本上不用買竹葉回來裝飾。

「五色」（ごしき／Goshiki）短冊是根據陰陽「五行」（ごぎょう／Gogyo-）之木、火、土、金、水説法，顏色為綠、紅、黃、白、黑（或紫），五月男兒節的鯉魚旗也用這五色。但現代七夕短冊已不限這五色，各種顏色都有，也有金銀短冊。

竹葉裝飾不僅有短冊，還有各式各樣用「折り紙」（おりがみ／Origami）疊成的紙「鶴」（つる／Tsuru）或「輪飾り」（わかざり／Wakazari，連成一串的紙圈圈），「ランタン」（Rantan，提燈）等等。

會寫俳句、和歌、漢詩的「同人」（どうじん／Do-jin，志同道合的人或同好）

則在這天舉行「句會」（くかい／Kukai），比賽各種詩詞。七夕和陰曆八月十五的中秋節是文人同好相聚的佳日。

就祭典來說，號稱東北四大祭之一的「仙台七夕」（せんだいたなばた／Sendai Tanabata）是全日本最有名的七夕祭典，此祭典按陰曆舉行，規模非常大，有興趣的人不妨去看看。

右頁圖｜掛祈願短冊的竹葉

左頁圖｜東北四大祭之一的仙台七夕

お中元——おちゅうげん／Ochu-gen（七月初～十五日）

中元本為道教習俗的三元之一，陰曆正月十五為上元，七月十五為中元，十月十五為下元。上元祭拜福神天官，中元是人類贖罪日，必須整天焚火祭拜地官，下元則祭拜防災水官。後來中元和佛教的盂蘭盆會混合，成為祭祖、掃墓，焚火為亡者照歸家路、超度的日子。

江戶時代由於親朋好友在這期間可以團聚，遂演變成送禮品給對方的習俗。如今，日本大部分地區的盂蘭盆會已改在八月，「中元」（ちゅうげん／Chu-gen）早已成為純粹送禮習俗的代詞。

日本百貨公司有兩大贈品「商戰」（しょうせん／Sho-sen）時期，正是夏天的「中元」和年底的「お歲暮」（おせいぼ／Oseibo）。中元贈禮時期通常在十五日之前寄出，排行前五名的商品是「商品券」（しょうひんけん／Sho-hinken）、「ビール券」（ビールけん／Bi-ruken，啤酒券）、「洗剤」（せんざい／Senzai，洗衣粉之類的）、「コーヒー」（Ko-hi-，咖啡）、「產直生鮮食品」（さんちょくせいせんしょくひん／Sanchoku seisen syokuhin，產地直銷生鮮食品）。

個人贈禮對象是公司上司或與工作有關的長輩，總之是平日照料你的人。而以公司名義贈禮的對象通常是客戶或交易戶。萬一錯過這時期，就變成「暑中見舞い」（しょちゅうみまい／Shochu-mimai），過了立秋是「残暑見舞い」（ざんしょみまい／Zansho mimai）。親朋好友之間寄一張明信片即可。

中元送禮

土用の丑の日——どようのうしのひ／Doyo- no Ushinohi（七月中旬～下旬）

「土用」（どよう／Doyo-）是「五行思想」（ごぎょうしそう／Gogyo-shiso-）的四季用詞，春天屬木，夏天屬火，秋天屬金，冬天屬水，四季有四行，但四季之間有過渡期，便是「土旺用事」，簡稱「土用」。以日期來算，是立春、立夏、立秋、立冬前十八天。日本過的是立秋前的「丑の日」（うしのひ／Ushinohi）。而跨入「土用」期第三天就稱為「土用三郎」（どようさぶろう／Doyo-saburo-）。

這天要吃鰻魚，特別稱為「土用鰻」（どよううなぎ／Doyo-unagi），是俳句夏季季語之一。鰻魚富有維他命B、高級蛋白質，且易消化，可以減消炎夏食慾不振症狀，簡單說來就是補充營養。七月二十三日左右是「大暑」（たいしょ／Taisho），一年之中最熱的時期，「土用」正處於這時期。

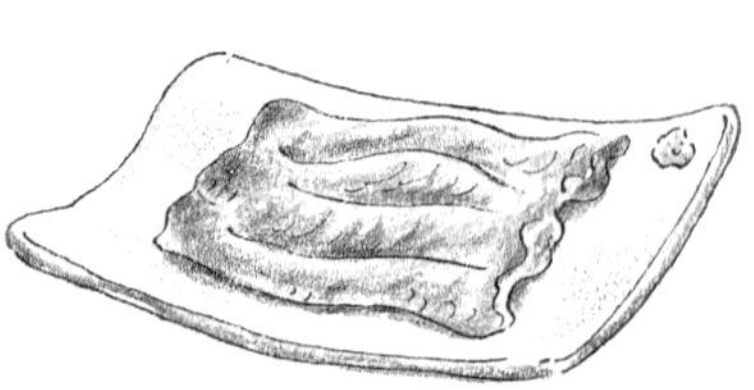

土用丑日便當

即便不知道哪天是丑日，超市也會主動貼出紙條告知消費者「今天要吃鰻魚」。我通常都是到超市買菜時才發現當天要吃鰻魚，雖然平日超市也賣蒲燒鰻魚，但「土用丑日」可以買到高級國產品。總之，國產鰻魚價格比進口鰻魚貴很多，只是就安全性來說，我還是寧願吃國產鰻魚。

買了蒲燒鰻魚，回家後用「電子レンジ」（でんしレンジ／Denshirenji，微波爐）「チンする」（ちんする／Chinsuru，熱一下之意），切成碎片，擱在熱飯上，再撒些蔥花、芝麻、紫菜，敢吃「わさび」（Wasabi，山葵泥）的人可以放一點添加辣味，最後澆上熱茶，蓋上蓋子悶一會兒，就成為「ウナ茶」（ウナちゃ／Unacha），也就是蒲燒鰻魚茶泡飯。各位看官不妨試試，尤其是嫌鰻魚蓋飯甜味太濃的人，用這種方式可以沖淡甜味，我個人認為非常好吃。

晚飯吃「ウナ茶」，睡前再泡個放入香草、藥草、精油的「丑湯」（うしゆ／Ushiyu），身心爽快，祛暑消熱，保證能一覺好眠到天亮。

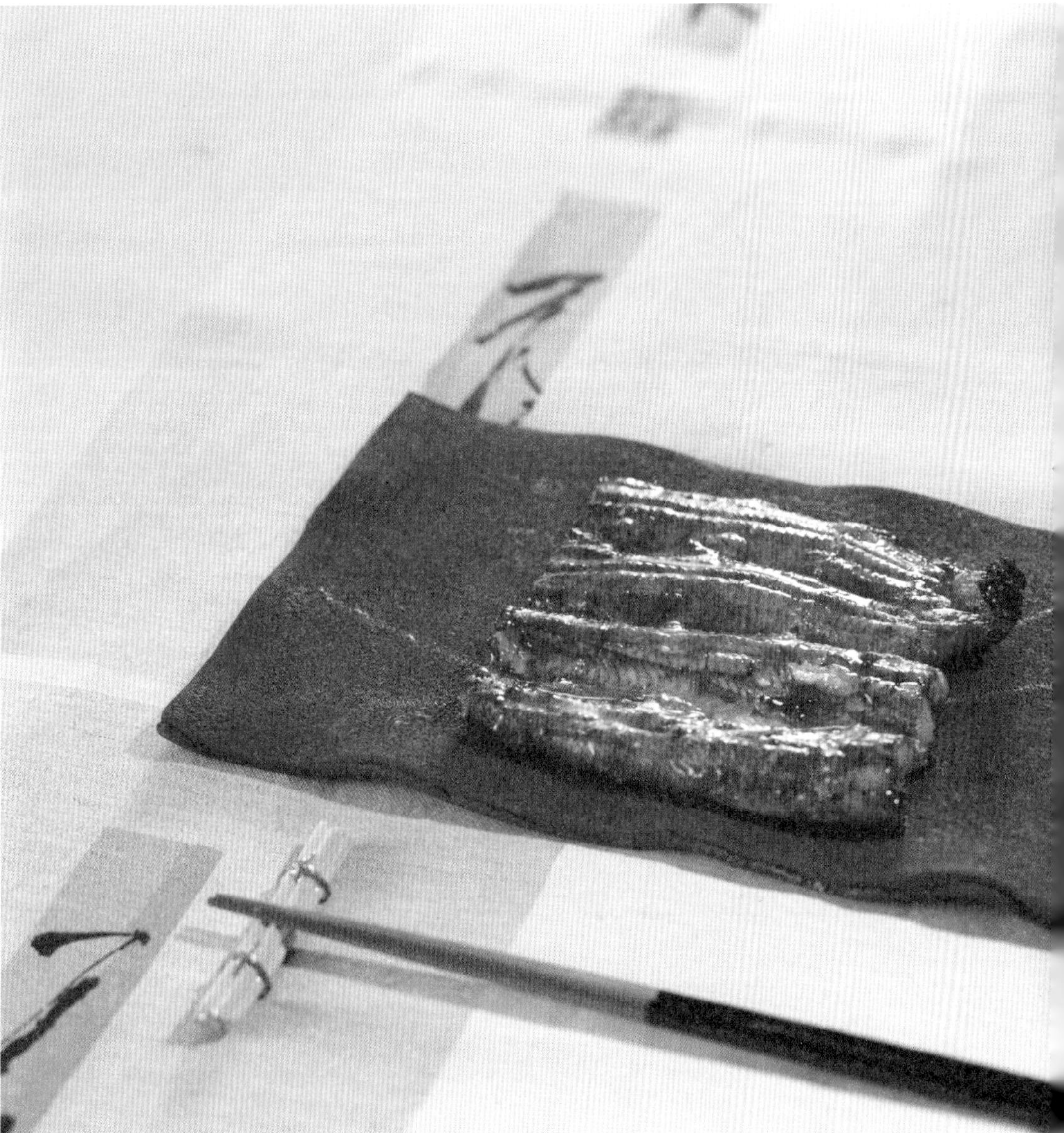

土用丑日吃烤鰻魚

夕涼み——ゆうすずみ／Yu-suzumi（七月～八月）

「夕涼み」是納涼之意。日本關東地區夏季期間雖然很短，但高溫多濕，往昔沒有空調和電風扇的時代，日本人都會使用各種道具演出「涼感」（りょうかん／Ryo-kan，涼意）。我在日本住了三十多年，最佩服的正是日本人這種四季演出能力。無論室內或室外，都會按大自然四季演變而改頭換面。例如我家玄關，幾乎每季都會換裝，不會一年四季都是老面孔。

京都人在這點做得最徹底，每逢夏季，屋內紙門和紙格子窗全換成夏季用的「簾戶」（すど／Sudo）、「御簾」（みす／Misu），二者都是用竹簾、蘆葦製成的門窗。玻璃窗外則斜斜擱著「よしず」（Yoshizu，葦簾），窗簾換成「すだれ」（Sudare，竹簾、葦簾），再卸下房間與房間之間的紙門，掛上布簾，既通風又有涼意。

左頁圖｜京都人用的簾戶

東京下町的夏日風情

水泥沙漠的東京公寓族就沒福氣享受這種閒情逸致，但某些「下町」（したまち／Shitamachi）仍可看到此風光。而同樣住在都市區，我住的是獨家獨院的住宅區，在這種住宅區內，到處可見竹簾、葦簾之類的夏季景色。大型日常用品商店每逢夏季也會陳設各種夏季日用品，例如「風鈴」（ふうりん／Fu-rin）、「釣忍」（つりしのぶ／Tsurishinobu）、竹簾、葦簾等等。

「釣忍」是一種以竹子或「いぐさ」（Igusa，燈心草）為芯，四周纏著蘚苔和羊齒類植物，製成各種形狀吊在屋簷或陽台的裝飾，有些「釣忍」底下還掛著風鈴，極為雅緻。這不是現代人發明的，而是幾百年前的江戶園藝職人的創作。「釣忍」的「忍」（しのぶ／Shinobu）是沒有泥土也能忍耐酷熱之意。

我家兒子還在讀小學時，每逢夏季假日，住宅區內家家會在玄關門外擱個塑膠製小游泳池，並約定時間讓每家小孩同時出來泡涼水、玩水槍，現場都會留一位媽媽當監視人，以防意外發生。整條巷子排滿了小游泳池，小朋友吵得要死，不過反正是町內例行公事，沒人會抗議。通常這類住宅區的巷子都是「私道」（しどう／Shido，私有道路），買房子時會附帶巷子地皮權，除了該住宅區居民或郵局、宅急便等車輛，否則不准外人隨意開車進來。

玄關鞋櫃上擱個金魚缸也能演出涼意，室內「座布団」換成草墊，連室內「スリッパ」（Surippa，拖鞋）也改為燈心草或蘆葦製拖鞋，再隨處擱幾把免費團扇，便可以過著舒適的涼夏日子。

京都人於夏季會在鴨川河面鋪上木板床，稱為「川床」（かわどこ／Kawadoko），供市民或遊客坐在木板床吃飯納涼，這是自江戶時代便存在的活動，也是京都夏季風光之一。

大阪天滿宮會於七月二十四、二十五日舉行大規模的「天神祭」（てんじんまつり／Tenjin matsuri），是紀念菅原道真忌辰的祭典，也是日本三大祭之一。傍晚起在大川河面進行，可以觀看各式各樣的燈火船，非常壯觀。

江戶風俗作家岡本綺堂（おかもときどう／Okamoto Kido-，一八七二～一九三九），於一九二二年發表的隨筆〈昔日東京的夏天〉，有一段描寫明治二十年（一八八七年）左右，東京人在夏天傍晚的灑水情景：

「日頭下山後，家家戶戶會開始灑水。現今當然也會，不過當時幾乎家家戶戶同時出來灑水，路上會熱鬧一陣子。

玄關前擱盆金魚缸也能演出涼意

商家掌櫃、小學徒都打赤腳跑出來，身上只穿一件手巾縫製內衣。小舖子是年輕女孩也裹著手巾、赤足提著水桶走。屋敷町（江戶時代是旗本宅邸區，明治時代為文人、知識分子聚集區）那種地區，連書生和馬伕、私人車夫全體出動。

小男孩半好玩地夾在之間喧鬧。不僅喧鬧而已，還拿水槍亂射，灑水時刻若走在路上，有時會不小心讓綾羅外褂袖子或下擺濕透。

灑水騷動告一段落安靜下來，家家戶戶屋簷下飄起淡白驅蚊煙時，也正是乘涼長凳的世界了。」

另有一段描述乘涼長凳的景色：

「那時沒有電車、汽車，馬車和自行車也罕得通過，是不必交通管制的時代，所以日頭一下山，大部分商店都習慣在店頭擺出乘涼長凳。

乘涼長凳有長凳和板凳兩種，乘涼長凳通常指板凳。板凳大大小小都有，普通是一張榻榻米大，四隻腳可以折疊起來——簡單說來，跟今日的細長飯桌類似——上面擱團扇和菸草盆，有人坐在板凳上，也有人坐在板凳一隅。左鄰右舍都聚集過來，有人下棋，有人聊天，到處可聽到熱鬧笑聲，留住往昔川柳所說的『乘涼長凳又開始講星座論』的江戶情緒。

而指望乘涼長凳的熱鬧，沿街說唱的義太夫或新內節（二者都是淨琉璃一派，新內節內容以情死故事為主），或模仿演員台詞的人以及唱祭文（起初是僧侶揮舞錫杖，吹海螺唱祭文，日後演變為說唱社會大事或事件沿街乞討）的都會聚來。若有哪一家的乘涼長凳叫了那些藝人表演，近鄰自不在話下，連路過行人也會聚集過來，該地便形成一種露天演藝會。」

這段描述，跟我在台灣的童年記憶很類似，只是少了沿街說唱的藝人。

江戶人創出的釣忍

海の日——うみのひ／Umi no hi（七月第三個星期一）

大海感恩節為國定假日，全球只有日本以大海為對象訂定假日。畢竟日本四面環海，是海洋國家，對大海表示敬意訂個國定假日也是應該的。這天全國各地都會舉辦與大海有關的慶祝活動。

海會令人聯想到沙灘，而沙灘又會令日本人聯想到「西瓜割り」（すいかわり／Suikawari），這是一種在沙灘玩打西瓜的遊戲。當事人用毛巾蒙住雙眼，手持棒子，先在原地繞幾圈，再憑藉旁人的「向左、向右」等吆喝聲前進，擊打擱在地面距離約十公尺遠的西瓜。大部分的日本人在幼稚園、小學時都玩過，而且不一定得在沙灘玩，社區空地或校園、公園均可以玩。這遊戲很有趣，我在育兒期間玩過無數次，卻從未擊中過西瓜，是個典型的方向痴。

夏休み——なつやすみ／Natsuyasumi（七月下旬～八月末）

不用我說明，看到「夏休」這兩個漢字，各位看官應該猜得出正是「暑假」之意吧。我會把暑假列入這本書中，主要原因在於日本所有國民對暑假有個全民集體記憶，正是「ラジオ体操」（ラジオたいそう／Rajio Taiso-，廣播體操）。

最初是美國紐約大都會人壽保險公司（Metropolitan Life Insurance Company），於一九二五年三月為啟發大眾增進健康衛生思想而播放的廣播節目。同年，ＮＨＫ（正式名稱是日本放送協會／にっぽんほうそうきょうかい／Nippon Ho-so- Kyo-kai）開播無線電廣播電台。

一九二八年十一月，日本中央遞信省（ていしんしょう／Teisinsyo-，國家郵政局）簡易保險局（今為かんぽ生命保險／かんぽせいめいほけん／Kanpo Seimei Hoken，英文通稱JP INSURANCE，漢字是「簡保生命保險」，隸屬郵政集團，是全球規模最大的保險公司），為紀念昭和天皇即位大禮，制定國民保健體操，在ＮＨＫ電台開始播放。

向日葵

據說第一屆播音員是一位退役軍人，本來只穿一件內褲在麥克風前一、二、三、四地做體操，後來得知昭和天皇第一皇女東久邇成子（ひがしくにしげこ／Higashikuni Shigeko，一九二五～一九六一）也在實踐廣播體操，便改穿燕尾服、打蝴蝶結領帶在麥克風前做體操。

翌年一九二九年，台灣總督府將日本內地風行的廣播體操引進台灣。至於台灣總督府到底於哪年起將廣播體操排入初等教育課程中，我就不大清楚了，只記得六〇年代末、七〇年代初，我在台灣讀小學時，每天朝會於升旗典禮後都要做早操。

日本內地則於一九三〇年起以「兒童早起大會」名義將廣播體操對象擴展至兒童。戰前的廣播體操時間是早上七點，但戰後一九四六年至一九五一年在美國占領軍總司令部指導之下，中斷了此國民健身活動。直至一九五二年日本政府恢復主權，才重新制定廣播體操，時間也改在早上六點半至六點四十分。學校與職場的體操時間是在朝會時的八點四十分至八點五十分。之後，一九五七年開始實施電視體操。

暑假期間的巡迴廣播體操於一九五三年實施，眨眼間便廣傳全日本各城鄉。二十一世紀的今日，日本小學生每逢暑假期間，仍得在六點半之前趕到住家附近的公園或神社，隨著錄音機播放的音樂跟著監視員做體操。期間因地而異，都市區最短是兩個星期，有些地區則長達一個月。

監視員通常是同一個社區內的媽媽，也就是當年擔任「町内会」（ちょうないかい／Cho-naikai，町自治會）或「子供会」（こどもかい／Kodomokai，兒童會）幹部的媽媽。

我也曾當過數次監視員，任期期間要準備糖果餅乾（費用由町內會負擔），每天早上六點半之前就要在集合會場等孩子陸續前來，先點名整隊，之後發口令在眾孩子面前示範做早操。早操結束後再發糖果餅乾給孩子，並在孩子的早操卡蓋章，以證明該兒童確實參加了當日的早操。最後一天再準備「皆勤賞」（かいきんしょう／Kaikinsho-，全勤獎）獎品，發給從未缺席參加完暑期早操的孩子，獎品通常是五百或一千日圓的全國書店共通「図書券」（としょけん／Toshoken，圖書禮券）。

這個早操卡也是學校分配的暑假作業之一，開學後要交給老師，學校再另外發獎品給得到「皆勤賞」的孩子。因此無論出生在北海道或南國沖繩群島的日本人，只要一提起「暑假」，共通話題一定是暑假期間的廣播體操。

既然提到暑假，我也翻譯兩首大部分日本人都會與暑假聯想在一起的民歌。一首是吉田拓郎的「夏休み」，另一首是井上陽水的「少年時代」。

◎ **夏休み** 作詞、作曲、主唱：吉田拓郎

麦(むぎ)わら帽子(ぼうし)は　もうきえた
たんぼの蛙(かえる)は　もうきえた
それでも待(ま)ってる　夏休(なつやす)み
（草帽已經消失，田裡青蛙已經消失，但我仍在等待暑假。）

姉(ねえ)さん先生(せんせい)　もういない
きれいな先生　もういない

小朋友在暑假期間愛捉蟲

それでも待ってる　夏休み
（姊姊老師已經不在了，漂亮老師已經不在了，但我仍在等待暑假。）

絵日記（えにっき）つけてた　夏休み
花火（はなび）を買（か）ってた　夏休み
指折（ゆびお）り待（ま）ってた　夏休み
（在暑假畫過繪日記；在暑假買過花火；掰著指頭等待暑假。）
（解說：繪日記就是圖畫日記，是日本小學生的暑假作業之一。）

畑（はたけ）のとんぼは　どこ行った
あの時（とき）逃（に）がしてあげたのに
ひとりで待ってた　夏休み
（菜田的蜻蜓飛到哪了？那時明明讓蜻蜓逃走，但我仍孤單一人在等待暑假。）
（解說：小朋友在暑假喜歡拿網捕捉蜻蜓，這句的意思是當時故意讓蜻蜓飛走，不知那些蜻蜓都跑到哪裡了。）

蜻蜓

西瓜(すいか)を食(た)べてた　夏休み

水(みず)まきしたっけ　夏休み

ひまわり夕立(ゆうだち)　せみの声(こえ)

(在暑假吃過西瓜；在暑假也在院子花圃灑過水；向日葵，傍晚驟雨，蟬聲。)

◎少年時代

作曲：井上陽水・平井夏美　作詞、主唱：井上陽水

夏(なつ)が過(す)ぎ風(かぜ)あざみ

だれの憧(あこが)れにさまよう

青空(あおぞら)に残(のこ)された

私(わたし)の心(こころ)は夏もよう

(夏天過去，風薊；徘徊在某人的憧憬中；殘留在青空；我的心是夏天情景。)

(解說：風薊並非花名，而是文學性的抒情描述，表示在風中搖晃的野草。)

夢(ゆめ)が覚(さ)め

夜(よる)の中(なか)

長(なが)い冬(ふゆ)が
窓(まど)を閉(と)じて
呼(よ)びかけたままで
夢はつまり
想(おも)い出(で)の後先(あとさき)
(夢醒了，在夜晚；漫長的冬天關閉著門窗；無論我如何呼喚；夢想只是回憶的斷片。)
(解說：這段也是抒情式詩詞，井上陽水自己曾說過沒什麼深意。)

夏祭(なつまつ)り宵(よい)かがり
胸(むね)の高鳴(たかな)りに合(あ)わせて
八月(はちがつ)は夢花火(ゆめはなび)
私の心は夏もよう
Um Um Um Um Um～m～
(夏祭，傍晚篝火；和著內心的怦然跳動；八月是夢花火；我的心是夏天情景。)
(解說：日本的夏天少不了夏祭，傍晚篝火是指盆踊前的燈籠亮光。)

目(め)が覚(さ)めて
夢のあと
長い影(かげ)が
夜(よる)に伸(の)びて
星屑(ほしくず)の空へ
夢はつまり
想い出の後先
(睜開眼睛，夢醒後；長長的黑影在夜晚擴展；伸長至群星的天空；夢想只是回憶的斷片。)
夏が過ぎ風あざみ
だれの憧れにさまよう
八月は夢花火
私の心は夏もよう
Um Um Um Um Um～m～

（夏天過去，風薊；徘徊在某人的憧憬中；八月是夢花火；我的心是夏天情景。）

總之，從歌詞可以看出吉田拓郎的「夏休み」是站在小朋友的立場描述等待暑假的心情，類似童謠，小學生也能朗朗上口跟著唱；而井上陽水的「少年時代」則是成年人對一去不復返的童年時代之傷感情懷，偏向抒情詩。這兩首歌都抒發了日本人對夏季的共通感情，因此才會成為經典名曲吧。

西瓜

廣播體操：http://jp.youtube.com/watch?v=xS92XkVKM0Q

吉田拓郎的「夏休み」：http://www.youtube.com/watch?v=J4xVOSLXi50

井上陽水的「少年時代」：http://www.youtube.com/watch?v=SqUA_UQsKE4

八月

はちがつ／Hachigatsu

お盆——おぼん／Obon（八月十三～十六日）

正式名稱是「盂蘭盆會」（うらぼんえ／Urabon'e），但一般都簡稱「お盆」（おぼん／Obon）。這時期是日本民族大移動時期，除了從事流通工作或某些特殊職業的人，幾乎全體都在移動。

有老家的回故鄉，沒老家或不想或因故回不了故鄉的人，乾脆出國度假，此時高速公路塞車五、六十公里是常事，機場水洩不通也是常識。每年四月黃金週、八月御盆以及年底年初，電視新聞都會報導「帰省ラッシュ」（きせいらっしゅ／Kiseirasshu，省親交通塞車）狀況，以便讓打算回老家的人規劃行程。

日本人迎接陰魂的心態與中國人有點不同。日本人的鬼節與元旦一樣，氣氛均靜謐、莊重，因為日本人迎接的陰魂是自家人、祖先。對日本冥府居民來說，閻羅王一年一度的放假，是他們回家與家人重逢的日子。

將供品裝在盆舟或燈籠，點上蠟燭，放入河川大海

在當年過世且已過七七的陰魂，第一次歸家稱為「初盆」（はつぼん／Hatsubon）或「新盆」（しんぼん、にいぼん、あらぼん／Shinbon, Ni-bon, Arabon），家人要特別鄭重迎接，門口或墳墓都會懸掛純白燈籠。且通常在八月十二日傍晚至十三日上午，在佛龕靈牌前獻上供品，十三日傍晚再於玄關前點上盆燈籠，最後在大門口或玄關前擱一只沙鍋，沙鍋內燃燒麻桿，以迎接自陰間回來的陰魂。日本人稱之為「迎火」（むかえび／Mukaebi）。有些地域是七月十三日進行，沖繩群島則在陰曆進行。十六日再重覆一次，將鬼送回陰間，這是「送火」（おくりび／Okuribi）。日本最有名的「送火」儀式正是每年八月十六日舉行的京都「五山送り火」（ござんのおくりび／Gozan no Okuribi，五山送火）。

川端康成在《古都》如此描述：「**八月十六日的大文字是御盆節送火祭典。據說，在山上點火這習俗，是沿襲古人在夜晚送靈魂回虛空冥府時，往上空拋擲火把的舊俗而來。**」

京都五山送火是在京都盆地四周山上分別用火把點燃「大」、「妙」、「法」三個文字，以及舟形、鳥居形火焰。二次大戰期間禁止送火儀式，不過那時仍讓當地小學生身穿白襯衫，於早上在山上排成「大」字。「大」字一劃

右頁圖｜京都五山送火的大文字

左頁圖｜精靈馬

是八十公尺，二劃是一百六十公尺，三劃是一百二十公尺。

此傳統儀式全靠幾千名義工（包括童子軍）撐持，義工在下午四點左右就要揹著木柴或稻草上山，抵達山頂便馬上架木材，夜晚七點舉行祭祀儀式，八點之前要各就各位，光是「大」字，就有七十五處火床，六百捆薪柴，一百束松葉，一百捆稻草。

點火前，京都市內所有霓虹燈都會熄滅，而義工的點火時間雖僅有半個鐘頭左右，但觀看者都會在火焰燃起時合掌默禱，電視台也會在現場直播或轉播。

有些地域在「送火」時會將供品裝在盆舟或燈籠，點上蠟燭，放入河川大海，這叫「精靈流し」（しょうりょうながし／Sho-ryo-nagashi）或「灯籠流し」（とうろうながし／To-ro-nagashi），相當於中國的放水燈民俗活動。

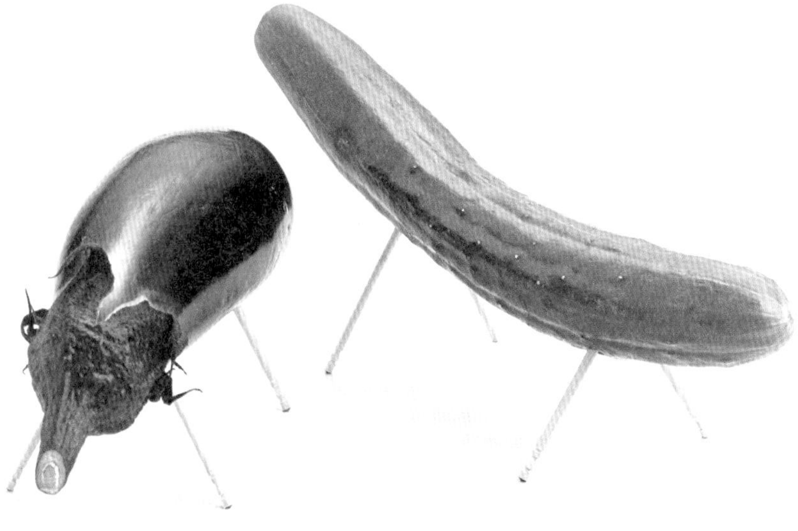

鬼節期間，也有人在玄關裝飾「精霊馬」（しょうりょううま／Sho-ryo-uma），用牙籤或竹子當四肢插在黃瓜和茄子比擬為牛、馬。黃瓜是馬，讓陰魂快快回來之意；茄子是牛，讓陰魂慢慢回陰間之意。

岡本綺堂的〈昔日東京的夏天〉隨筆中，另有一段描述盂蘭盆草市情景：

「最近行精靈祭的家庭逐漸減少，而且迎火送火時用的秋草也大多從附近蔬菜店買來，各地的草市似乎逐年凋零。不過以前的人大抵會特地出門買秋草，各地草市生意都很好。

平日看不到半棵樹的市內，草市當天夜晚就化為往昔的武藏野，放眼望去到處積滿了秋花秋草，而在秋草間搖來晃去的盂蘭盆燈籠，看上去像在草叢中忽隱忽現，呈現某種詩意風情。只是，這光景現今只能在江戶歲時記插畫中看到了。」

的確，現代日本許多大都市已罕得見到草市，但東京中央區月島西仲通商店街（通稱もんじゃストリート／Monja sutori-to），每年七月十二、十三、十四日

白蟻也有墳墓

這三天會舉行「月島草市」（つきしまくさいち／Tsukishima Kusaichi）。這地區距離銀座很近，卻可以享受江戸時代庶民區的「下町」（したまち／Shitamachi）氛圍。

一般說來，日本人每年例行的掃墓時期有三：三月二十一日（春分）前後一星期、八月「御盆」、九月二十三日（秋分）前後一星期。即便沒墳墓可掃的人，老家也一定有佛龕。而所謂老家，是長男家或繼承香火的男子家。嫁出去的女兒，按理說，應該到婆家幫忙主持此例行節日，所幸一年有三次，可以輪流到婆家、娘家過節。

提到墳墓，我想起「企業墓」（きぎょうはか／Kigyo-haka）。眾所周知，曾經撐持日本經濟完成高度成長的棟樑是日式經營。而所謂日式經營是企業方面固守「年功序列」（ねんこうじょれつ／Nenko-joretsu，依入社年數與年齡每年加薪並提高職位的人事制度）與「終身雇用」（しゅうしんこよう／Shu-shin koyo-）習俗，員工則堅持徹底為企業竭盡忠誠的經營方式。這與江戸時代武家階級的武士與家臣，或庶民階級的主人與掌櫃關係一樣，兩者間的羈絆並非西方社會雇主與員工那種利害關係所能比擬。

這種日式經營的象徵正是「企業墓」。日本一些與佛教因緣深厚的寺院靈山，例如和歌山県（わかやまけん／Wakayamaken）高野山（こうやさん／Ko-yasan）、京都比叡山（ひえいざん／Hieizan），墓地內都可尋到刻有聞名全球的國內一流企業名稱墓碑。

據說此風潮是戰前興起，首倡者是松下電器產業株式會社（まつしたでんきさんぎょうかぶしきかいしゃ／Matsushita denki sangyo- kabushiki kaisha），不過松下電器於二〇〇八年十月一日改社名為パナソニック株式會社，英文是Panasonic Corporation，集團全體員工數約三十一萬餘名，年度總銷售額已超越九兆日圓，在日本僅次於日立製作所（ひたちせいさくしょ／Hitachi seisakusho）。

戰後，隨著經濟成長，「企業墓」數量也逐漸

增多。目前光是高野山就有百座以上，比叡山有五十座以上，其他地方更是不計其數。說是「企業墓」，其實不是企業的墳墓，而是家臣紀念碑。社員若於任職期間因故過世，名字都會刻在「企業墓」墓碑。而且企業幹部會一年一度到墓地舉行追悼會。這正是「企業＝家族」的思想。也正因為有這種血脈相連的團結心，日本才能榮登經濟大國寶座。

遺憾的是，九〇年代初泡沫經濟崩潰後，企業縮編火舌橫行全國，不少公司因倒閉而任「企業墓」凋零、風化，真是應了「朝榮夕滅，旦飛暮沉」這句話。

右頁圖｜養樂多公司企業墓

左頁圖｜企業墓

盆踊り——ぼんおどり／Bon'odori（七月~九月）

「盆踊」本來是盂蘭盆會舞，現在已演變為納涼舞蹈大會。通常在公園或廣場中央架個「櫓」（やぐら／Yagura，高台），以「櫓」為中心往四面八方垂掛燈籠，台上有打鼓人和穿浴衣的舞者，參與者在台下隨著音樂繞著高台群舞。

公園或廣場四周環繞著各式各樣的「屋台」（やたい／Yatai，路邊攤），以及坐在草席或塑膠布上野餐的觀眾。觀眾都是當地社區居民，無論男女老幼，大部分都穿浴衣、手持團扇，可以隨意加入群舞，跳累了再回到席上或去逛路邊攤買吃喝零食。

日本全國各地自七月起到處可見「盆踊」，據說「盆踊」已有五百年餘歷史。雖說是一種民俗藝能，但本質跟知識分子用文字記錄的民間傳說一樣，差異在於「盆踊」是不識字的民眾用舞蹈記錄下各種傳說或教訓的身體語言，因此舞蹈時的動作、一舉手一投足均具有其意義，只是現代人已經無法闡明其含義。

右頁圖｜夏祭期間街上時常可見這種光景

左頁圖｜盆踊會場中央的櫓

盆踊所唱的歌稱為「音頭」（おんど／Ondo），其中「民謠」（みんよう／Minyo-）占大部分，有長篇敘事詩，也有求情歌或安魂歌，五花八門，各異其趣。而且大部分傳統「音頭」都夾雜方言，也沒有樂譜，完全靠耳聞傳承，導致現代人沒法逐一解釋歌詞意思。

目前日本全國各地舉行「盆踊」時放的經典「音頭」是「東京音頭」（とうきょうおんど／To-kyo-ondo）。這是由詩人、童謠、歌謠、校歌作詞家西條八十（さいじょうやそ／Saijo- Yaso，一九八二～一九七〇），與童謠、歌謠、流行歌作曲家中山晋平（なかやましんぺい／Nakayama Shinpei，一八八七～一九五二）共同譜寫的新民謠。

一九三三年由當時的花柳界藝者歌手小唄勝太郎（こうたかつたろう／Kouta Katsutaro-，一九〇四～一九七四）和民謠歌手三島一声（みしまいっせい／Mishima Issei）錄製唱片，意外地暢銷。這首曲子不停地在收音機播放，街上留聲機也日以繼夜地放，眨眼間便流行至日本全國各地。民眾口中哼著歌，在街頭巷尾隨著歌聲手舞足蹈。

右頁圖｜德島縣阿波踊

之後，各町內的公園、廣場、商店街街角紛紛架起不合季節的盂蘭盆會高台，留聲機放出「東京音頭」，再由一群穿和服的「邦樂」（ほうがく／Ho-gaku，日本傳統音樂）女師徒帶頭跳「盆踊」，接著是一群穿和服的「邦樂」男師徒加入圈子跳，如此一來，圍觀的群眾也會手癢腳癢地陸續加入群舞。

初期的歌詞中有兩段是讚美天皇的詩詞，戰後有些專家指稱這首新民謠是當時軍國主義「內務省」（ないむしょう／Naimusho-，內政部）為了洗腦國民而策劃的愚民政策陰謀。我不知道事實是否如此，只是，當時確實存在著專門取締彈壓反體制思想犯、異議分子等祕密警察，稱為「特別高等警察」（とくべつこうとうけいさつ／Tokubetsu Ko-to- Keisatsu），簡稱「特高」（とっこう／Tokko-）。無產階級文學作家小林多喜二（こばやしたきじ／Kobayashi Takiji）正是在一九三三年被「特高」拷問而死。

簡單說來，當時的日本處於一種暗黑政治情況，而且又逢昭和經濟大恐慌，一九三一年更爆發九一八事變，人心惶惶、民不安枕，這首新民謠和瘋狂似的「盆踊」群舞會成為國民的發洩管道，也是情有可原。戰後刪去了兩段讚美天皇和一段暗示男女情慾的歌詞，逐漸演變成夏季「盆踊」經典代表曲。而目前的「盆踊」跳法是在一九六四年東京奧運會時統一而成。

日本的祭典通常在白天舉行，「盆踊」卻是在夜晚。每逢夏季，一到週末傍晚，只要在町內閒逛，肯定可以看到身穿浴衣手持團扇的爸爸媽媽帶著孩子前往「盆踊」會場。以前家裡養狗時，我會在每個週末夜晚牽著狗狗東跑西奔去串「盆踊」會場門子。就算待在家裡，也可以聽到不知傳自哪個公園的「東京音頭」曲子。

以下是「東京音頭」歌詞，跳法與曲子請大家到You Tube搜尋。不會上網的人或許可以回想一下台灣曾播放的台語賣藥廣告，這是一位一九七八年生的讀者shinstar先生提供的資料。他說，小時候看過這廣告，歌詞是「喉嚨沙啞，講話會痛，請你含一口××散」之類，因此很可能連續三代的台灣人都聽過這首曲子。另一位讀者魏文孝先生又補充說，這廣告是白冰冰小姐演出兼主唱。

はあ　踊(おど)り踊(おど)るなら　チョイト　東京音頭　ヨイヨイ
花(はな)の都(みやこ)の　花の都の真中(まんなか)で　サテ
ヤットナ　ソレ　ヨイヨイヨイ　ヤットナ　ソレ　ヨイヨイヨイ
はあ　花は上野(うえの)よ　チョイト　柳(やなぎ)は銀座(ぎんざ)　ヨイヨイ

盆踊會場

月(つき)は隅田(すみだ)の　月は隅田の屋形船(やかたぶね)　サテ
ヤットナ　ソレ　ヨイヨイヨイ　ヤットナ　ソレ　ヨイヨイヨイ

はあ　おさななじみの　チョイト　観音様(かんのんさま)は　ヨイヨイ
屋根(やね)の月(つき)さえ　屋根の月さえなつかしや　サテ
ヤットナ　ソレ　ヨイヨイヨイ　ヤットナ　ソレ　ヨイヨイヨイ

はあ　西(にし)に富士(ふじ)の嶺(みね)　チョイト　東に筑波(つくば)　ヨイヨイ
音頭とる子は　音頭とる子はまん中で　サテ
ヤットナ　ソレ　ヨイヨイヨイ　ヤットナ　ソレ　ヨイヨイヨイ

はあ　よせて返(かえ)して　チョイト　返して寄(よ)せる　ヨイヨイ
東京繁昌(とうきょうはんじょう)の　東京繁昌の人(ひと)の波(なみ)　サテ
ヤットナ　ソレ　ヨイヨイヨイ　ヤットナ　ソレ　ヨイヨイヨイ

沖繩縣盆踊Eisa-

第一段歌詞意思是，想跳舞的話，就跳東京音頭，在花之首都，花之首都中央跳。

第二段歌詞意思是，花是上野，柳是銀座，月亮是隅田川，月亮是隅田川的屋形船；花當然指櫻花，上野公園的櫻花最有名，銀座的柳樹街道也很有名，而想賞月的話，要到隅田川坐「屋形船」（やかたぶね／Yakatabune，有屋頂形船篷的遊船）。

第三段指的是淺草寺，意思是與青梅竹馬到淺草寺觀看五重塔屋頂上空的月亮，連月亮也那麼令人懷念往昔時光。

第四段意思是，西方有富士山，東方有筑波山，想帶頭跳舞的孩子快快到中央跳。

第五段意思是，擠過來又推回去，推回去又擠過來，熱鬧的東京，熱鬧的東京人潮。

當時「東京音頭」也席捲了曾是日本殖民地的台灣，據說全台街頭巷尾也可見民眾隨音樂起舞，因此另有一首「台灣音頭」，曲子跟「東京音頭」一樣。「台灣音頭」歌詞如下：

はあ　踊(おど)れ囃(はや)せや　チョイト　台湾音頭(たいわんおんど)　ヨイヨイ
島(しま)は月夜(つきよ)の　島は月夜の南風(みなみかぜ)　サテ
ヤットナ　ソレ　ヨイヨイヨイ　ヤットナ　ソレ　ヨイヨイヨイ

はあ　仰(あお)ぎまつれや　チョイト　北白川(きたしらかわ)の　ヨイヨイ
宮(みや)は全島(ぜんとう)の　宮は全島の守(まも)り神(かみ)　サテ
ヤットナ　ソレ　ヨイヨイヨイ　ヤットナ　ソレ　ヨイヨイヨイ

はあ　山は新高(にいたか)　チヨイト　日(ひ)の本(もと)一(いち)よ　ヨイヨイ
阿里(あり)の檜(ひのき)は　阿里の檜は世界(せいかい)一　サテ
ヤットナ　ソレ　ヨイヨイヨイ　ヤットナ　ソレ　ヨイヨイヨイ

はあ　新茶(しんちゃ)台北(たいほく)　チョイト　名所(めいしょ)は台南(たいなん)
なかの台中(たいちゅう)は　なかの台中は米(こめ)の山(やま)　サテ
ヤットナ　ソレ　ヨイヨイヨイ　ヤットナ　ソレ　ヨイヨイヨイ

はあ　濯(あら)へ黒潮(くろしお)　チョイト　祖国(そこく)の南(みなみ)　ヨイヨイ
守(まも)る我等(われら)の　守る我等の鉄(てつ)の腕(うで)　サテ
ヤットナ　ソレ　ヨイヨイヨイ　ヤットナ　ソレ　ヨイヨイヨイ

第一段歌詞意思是，跳啊唱啊台灣音頭，島是月夜的，島是月夜的南風。

第二段歌詞意思是，瞻仰祭祀北白川，北白川宮是全島的守護神。「北白川」指的是日本皇族北白川宮能久親王（きたしらかわのみや よしひさしんのう／Kitashirakawa no miya Yoshihisasinno-，一八四七～一八九五），曾任日本天皇親衛軍近衛師團長，於一八九五年接收台灣時因戰病歿台南，由於是第一位在海外陣亡的日本皇族，所以日本政府於台北圓山建立了約一萬六千坪的台灣神社以祭祀北白川親王，如今台灣神社早已不存在，變成今日的圓山大飯店。故昭和天皇身為皇太子身分時的一九二三年，曾經訪台參拜台灣神社，那時建設的敕使參道正是台北市中山北路。

第三段意思是，山是新高山（玉山），日本第一高，阿里山的檜木是世界第一。

第四段意思是，新茶在台北，名勝是台南，中部的台中是白米山。

第五段意思是，波濤洶湧的黑潮，祖國的南方，我們要用鐵臂來防守。

說實話，我在寫這篇文章時，完全沒料想到會牽引出這段日台歷史。譯畢「台灣音頭」後，我竟不知該如何收尾，只是對著電腦銀幕中的歌詞發呆。翌日，我打電話給某位日本朋友的父親。朋友父親已八十多歲，我想問他知不知道「台灣音頭」這首歌，結果竟問出另一段讓我啞口無言的歷史往事。

據說，日本戰敗時，從海外死裡逃生歸國的非戰鬥員，都先抵達京都舞鶴港（まいづるこう／Maiduruko-），但由於必須接受傳染病檢查，不能立即上岸。而這些人大都身體虛弱或抱病在床，接二連三出現腹瀉者，只要有腹瀉者，有關當局便不允許他們

秋田縣盆踊

上岸。於是這些歸國者只能眼睜睜望著近在眼前的祖國陸地，懷著斷腸心情在船上生活，大人每天夜晚都在甲板圍成圈子悲情地唱跳著「東京音頭」。

聽完朋友父親述說這段往事後，我情不自禁問：「那您是不是不喜歡跳盆踊？」聽筒那邊傳來的答案竟然是「很喜歡」。原來對經歷過戰爭時代的老人家來說，戰後的「東京音頭」代表和平，即便手腳已不聽指揮，不便再加入群舞圈子跳盆踊，老一代人仍非常喜歡到盆踊會場當旁觀者，享受戰後時代人的太平氣氛。

近年為了讓平成時代出生的年輕人也參與盆踊，又有一首平成版「大江戶東京音頭」（おおえどとうきょうおんど／Ohedo To-kyo- ondo），旋律跟傳統「東京音頭」一樣，但節奏比較快，舞步也比較複雜。

附帶一提，「盆踊」並非只有一種跳法，名揚日本全國的德島県（とくしまけん／Tokushimaken）「阿波踊り」（あわおどり／Awaodori），以及沖縄県（おきなわけん／Okinawaken）的「エイサー」（Eisa-），都是當地的「盆踊」傳統藝能之一。前者有四百多年歷史，後者有一百多年歷史。

傳統盆踊跳法：
http://www.youtube.com/watch?v=aB9z9V2GghQ

平成版「大江戶東京音頭」：
http://www.youtube.com/watch?v=IjdkxB-0iSk

平成版「大江戶東京音頭」跳法：
http://www.youtube.com/watch?v=99fKgBuTpNo

花火——はなび／Hanabi（七月～八月）

日本每年夏天全國各地都有「花火大會」（はなびたいかい／Hanabi Tiakai），首創此風氣的人是江戶時代八代將軍德川吉宗（とくがわよしむね／Tokugawa Yoshimune，一六八四～一七五一）。當時基於霍亂大流行和冷害，死了很多人，八代將軍為弔祭歸人，於一七三三年在隅田川（すみだがわ／Sumidagawa）下游舉行水神祭，並舉行「花火大會」，據說當時射出二十個花火。

製造花火的是「鍵屋」（かぎや／Kagiya）創始人弥兵衛（やへえ／Yahee）。他是伊賀（いが／Iga，三重縣西部）「忍者」（にんじゃ／Ninja）後代，忍者本來就會用火藥，他用火藥發明出玩具花火，一六五九年自奈良（なら／Nara）到江戶（えど／Edo，東京）開舖子。

左頁圖｜花火

起初只是在蘆葦管上黏個小火藥圓球而已，這是現代「線香花火」（せんこうはなび／Senko-hanabi）的前身。一七一一年似乎已開發出在半空開花的花火，「幕府」（ばくふ／Bakufu）留有他奉六代將軍家宣（いえのぶ／Ienobu，一六六二～一七一二）之命射出「流星」（ながれぼし／Nagareboshi）花火的紀錄。

第六代老闆在水神祭射出新花火後，「鍵屋」成為幕府御用商人，之後又給掌櫃分字號，取名「玉屋」（たまや／Tamaya）。以後每年五月二十八日至八月二十八日的納涼大會，「鍵屋」和「玉屋」會分別在下游和上游競賽，因此江戶人觀賞花火大會時一定會大喊「鍵屋」、「玉屋」。然而「玉屋」在一八四三年發生火災，被幕府趕出江戶，那以後只剩「鍵屋」獨家奮鬥。

現代的花火師通常是世襲制的零星私營手工業，「鍵屋」算是現存歷史最悠久的老舖子。二〇〇〇年由天野安喜子（あまのあきこ／Amano Akiko，一九七〇年生）「襲名」（しゅうめい／Shu-mei，繼承師名）第十五代掌門人地位。這位第十五代繼承人非常厲害，不但是首屆女性掌門人，而且擁有「柔道」（じゅうどう／Ju-do-）黑帶五段資格，二〇〇八年北京奧運會時還擔任男子一百公斤級柔道競技決賽總裁判。

花火大會固然好看，學生時代的我經常跟一大堆朋友去人擠人地看花火大會，但現在年紀大了，不喜歡摩肩接踵的場所，何況也沒人陪我去占位子，所以通常在自家陽台觀看遠方上空「西武園」（せいぶえん／Seibuen）的花火。

單獨一人在漆黑陽台聆聽低沉的花火轟隆聲，隔著樹林觀賞遠方上空五顏六色的燦爛火光，身邊伴著三個貓兒子，眼下是零星豎立在院子的朦朧燈光，中天懸明月星眼，不知何處又傳來「盆踊」的「東京音頭」樂聲……這種氣氛會令人由衷感覺：啊，夏天，真好；人生，真棒。

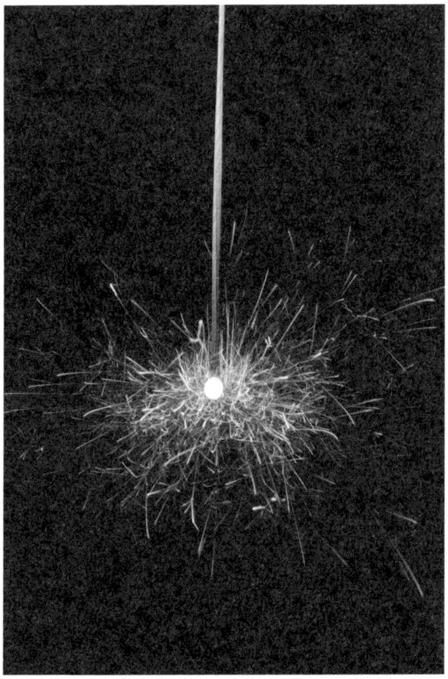

線香花火

地藏盆——じぞうぼん／Jizo-bon（八月二十三、二十四日前後三天）

暑假快結束了，炎炎夏日的八月最後一個大節日正是兒童節日「地藏盆」。此處指的「地藏」並非佛教寺院的地藏菩薩，而是日本全國各地街口路邊可見的地藏石像。

這種地藏通常排成六尊，正是「六道輪廻」（りくどうりんね／Rikudo-rinne）思想中的「天道」（てんどう／Tendo-）、「人間道」（にんげんどう／Ningendo-，人道）、「修羅道」（しゅらどう／Shurado-，阿修羅道）、「畜生道」（ちくしょうどう／Chikusho-do-）、「餓鬼道」（がきどう／Gakido-）、「地獄道」（じごくどう／Jigokudo-）。

地藏通常排成六尊

日本街頭的地藏石像跟佛教無關，是一種民間信仰。據說，比父母先過世的兒童由於背負了不孝子的罪名，無法自行渡過「三途川」（さんずのかわ／Sanzu no kawa，冥河），只能在「賽の河原」（さいのかわら／Sainokawara，冥河河灘）不停地用小石子堆積石塔以洗清罪孽，但每次都在即將完成時，鬼卒會來搗蛋，把石塔踢毀，所以兒童陰魂永遠無法渡過冥河。

不過地藏菩薩最終仍會來拯救這些兒童陰魂，讓他們平安渡過冥河，跨進冥府。日本街口路邊的地藏石像正是保佑兒童平安長大的一種土地神，而日本各地也實際有許多「賽の河原」。

正因為是兒童保佑神，所以是兒童節日。這節日在關東地區比較不興盛，關東地區是稻荷神社信仰，但以京都為中心的關西地區則非常重視此節日。每個社區都會舉辦各種以兒童為主的活動，例如清洗地藏石像、在地藏石像堂前掛燈籠獻供品等等。

右頁圖｜地藏盆是兒童節日

左頁圖｜也有超級可愛的地藏

其中最普遍的傳統儀式是「数珠繰り」（じゅずくり／Juzukuri），就是用一條直徑約二、三公尺長的念珠，大人小孩共同輪流一粒一粒地數念珠，邊數念珠邊在內心祈願。

京都人的風俗是家人若生了小孩，會到當地町內的地藏石像獻燈籠，燈籠上寫著孩子名字，女子是紅燈籠，男子是白燈籠。而神戶人在「地蔵盆」這天有名為「お接待」（おせったい／Osettai）的習俗，亦即讓兒童巡遊町內各個地藏石像堂，之後町內人再發糖果餅乾給孩子。

我分別在東京、埼玉縣住了三十多年，育兒期間曾經歷過各種社區的「子供会」（こどもかい／Kodomokai，兒童會）活動，卻從未體驗過「地藏盆」，看來關東地區確實不重視這個節日。

秋
九月
十月
十一月

開運
開運

九月

くがつ／Kugatsu

防災の日——ぼうさいのひ／Bo-sai no hi（九月一日）

九月一日是新學期開學日，也是防災紀念日。這是為了紀念一九二三年的關東大地震而於一九六〇年制定。關東大地震的死亡、失蹤人數約十萬餘人，而一九五九年的伊勢灣颱風的死亡、失蹤人數約五千餘人，傷員三萬九千人，所以翌年即制定了防災紀念日。

不過日本古來便有「二百十日」（にひゃくとおか／Nihyakutohka）這個雜節，意思是自立春（二月四日左右）算起第二百一十天，剛好是九月一日前後。稻米在這時期開花，颱風也在這時期屢次發生，對農家和打魚郎來說是生死攸關的問題。

因此日本各地都有為平息颱風而舉行的風祭，最有名的是富山縣（とやまけん／Toyamaken）富山市（とやまし／Toyamashi）八尾町（やつおまち／Yatsuomachi）的「おわら風の盆」（おわらかぜのぼん／Owara kaze no bon），祭典期間是九月一日至九月三日。此祭典有三百餘年歷史，居民只有兩萬人，但每年這三天的觀光客卻高達三十萬人。

古鄉舊鎮氛圍加上哀愁的胡琴音色，以及戴草笠、纏黑腰帶、默默無言比手劃腳的舞者，迷惑了不少日本作家和作詞家為之寫成小說與歌曲。

富山市八尾町的風盆踊

重陽の節句——ちょうようのせっく／Cho-yo- no sekku（九月九日）

重陽節當然傳自中國，往昔是過陰曆節，喝菊花茶、菊花酒，過法與中國傳統節日一樣。遺憾的是，現代日本所有傳統節日都在陽曆過，而陽曆的九月九日不是菊花季節，因此「重陽の節句」（ちょうようのせっく／Cho-yo-nosekku）已經變成有名無實的節日。

代之而起的是菊花真正盛開的十月上旬至十一月上旬，日本全國各地會舉辦「菊人形」（きくにんぎょう／Kiku Ningyo-）展，是以菊花裝飾成偶人或動物的展覽活動。各市政府或區公所甚至郵局也會舉辦菊花展，讓町內園藝愛好者參加競賽。

九州地區則將陽曆十月的所有祭典都稱為「お九日」（おくんち／Okunchi）。十月七日至九日舉行的「長崎くんち」（ながさきくんち／Nagasaki Kunchi，長崎九日）最為知名，是國家指定重要無形民俗文化財（じゅうようむけいみんぞくぶんかざい／Ju-yo-mukeiminzokubunkazai）。這些都是傳統重陽節的變相慶典。

既然無法觀賞菊花，也喝不到菊花酒，那就來吃茄子。九月九日神日、十九日農民日、二十九日商人日，這三天吃茄子的習俗稱為「三九茄子」（みくにちなす／Mikunichinasu），據說吃茄子可以避免中風。

等真正菊花季節來臨時，再來喝菊花茶、泡菊花湯吧。

右頁圖｜職人正在製作菊人形

左頁圖｜菊花展

敬老の日——けいろうのひ／Keiro-no hi（九月第三個星期一）

顧名思義，「敬老日」即「老人節」。日本於一九四七年首創，一九六六年定為「国民の祝日」（こくみんのしゅくじつ／Kokumin no shukujitsu），全國國民放假一天。

日本是「長壽」（ちょうじゅ／Cho-ju）國，根據「厚生労働省」（こうせいろうどうしょう／Ko-sei Ro-do-sho-，掌管日本社會福利與勞務的中央省廳之一）於二〇〇六年發表的資料，日本男性平均壽命是七十九歲，女性是八五．八一歲。

只是，到底幾歲以上才能稱為「老人」（ろうじん／Ro-jin）或「年寄」（としより／Toshiyori）呢？世界保健機関（せかいほけんきかん／Sekaihokenkikan，WHO，世界衛生組織）對老人的定義是六十五歲以上的人便是「高齢者」（こうれいしゃ／Ko-reisha）。但在日本這種「高齢化社会」（こうれいかしゃかい／Ko-reika Shakai）國家，稱六十五歲剛退休的人為「老人」，恐怕會招惹對方擰眉瞪眼。

老人在賣烤蕃薯

日本「総務省」（そうむしょう／So-musho-）於二〇〇八年九月十五日發表的統計資料中，指稱七十歲以上的人口已超過二千萬人。而「年金」（ねんきん／Nenkin，養老金）是六十五歲開始領取，敬老對象是七十歲以上，「老人保健」（ろうじんほけん／Ro-jinhoken）對象是七十五歲以上……如此看來，七十歲以上的人才是真正的老人？

總之，既然提到老人，學日語的人最好記住以下幾個名詞。

- 「**還暦**」（かんれき／Kanreki）：滿六十歲誕辰。
- 「**古希**」（こき／Koki）：滿七十歲。
- 「**喜寿**」（きじゅ／Kiju）：滿七十七歲。
- 「**傘寿**」（さんじゅ／Sanju）：滿八十歲。
- 「**米寿**」（べいじゅ／Beiju）：滿八十八歲。
- 「**卒寿**」（そつじゅ／Sotsuju）：滿九十歲。
- 「**白寿**」（はくじゅ／Hakuju）：滿九十九歲。
- 「**百寿**」（ももじゅ、ひゃくじゅ／Momoju、Hyakuju）：滿一百歲。
- 「**茶寿**」（ちゃじゅ／Chaju）：滿一〇八歲。

・「皇寿」（こうじゅ／Ko-ju）：滿一一一歲。
・「珍寿」（ちんじゅ／Chinju）：一一一歲以上。
・「大還暦」（だいかんれき／Daikanreki）：滿一二〇歲。

一般說來，只要暗記到「米寿」就可以，畢竟滿九十歲且老當益壯的人並不多。至於「還暦」之前，二十歲是「はたち／Hatachi」；三十歲是「三十路」（みそじ／Misoji）；四十歲是「四十路」（よそじ／Yosoji），男性通常自稱「不惑」（ふわく／Fuwaku）；五十歲是「五十路」（いそじ／Isoji），男性通常自稱「天命」（てんめい／Tenmei）或「知命」（ちめい／Chimei）。

當然男性自稱的「不惑」、「天命」、「知命」等名詞，全出自孔子的《論語》（ろんご／Rongo）。在日本，只要曾上過高中的人，必定都會暗誦幾句《論語》，所以「不惑」、「天命」、「知命」這幾個名詞並非知識分子才懂，而是日常用語。女人比較少用。

女人到了「三十路」就會高唱哀歌，哪有閒情「不惑」再「知天命」？那些理論還是交給男人去實行罷了。

壽酒杯

十五夜——じゅうごや／Ju-goya（九月中旬～十月上旬）

「十五夜」正是「中秋の名月」（ちゅうしゅうのめいげつ／Chu-shu- no meigetsu），別稱「芋名月」（いもめいげつ／Imomeigetsu），也就是中國的中秋節。日本許多傳統節日都已改為陽曆，唯獨中秋節仍過陰曆。不過每年陰曆八月十五日並非必定「滿月」（まんげつ／Mangetsu），例如二〇〇八年的月圓天是陰曆八月十六日（陽曆九月十五日）。

日本人在中秋節不吃月餅、柚子，也不舞火龍，而是在可以觀賞月亮的窄廊供奉「月見団子」（つきみだんご／Tsukimidango，賞月糰子）和「里芋」（さといも／Satoimo，芋頭）、「枝豆」（えだまめ／Edamame，毛豆）、「栗」（クリ／Kuri）等秋季蔬果。

左頁圖｜中秋明月供奉月見糰子

另外再裝飾「芒」（ススキ／Susuki，芒草）、「女郎花」（オミナエシ／Ominaeshi，黃花龍芽草）、「萩」（ハギ／Hagi，胡枝子）、「葛」（クズ／Kuzu）、「桔梗」（キキョウ／Kikyo-）、「撫子」（ナデシコ／Nadeshiko，瞿麥）、「藤袴」（フジバカマ／Fujibakama，佩蘭）等秋草，以上七種秋草稱為「秋の七草」（あきのななくさ／Aki no nanakusa，秋七草）。

但不一定得是七草，我覺得光是插幾支芒草也可以成為一幅明月風情畫。芒草別名「尾花」（おばな／Obana），文人、俳人習慣用「尾花」這個詞。

松尾芭蕉（まつおばしょう／Matsuo Basho-，一六四四～一六九四）有一首中秋明月的「俳句」（はいく／Haiku）：

名月(めいげつ)や
池(いけ)をめぐりて
夜(よ)もすがら

（中秋明月下，信步繞著池塘轉，夜色漸白矣。）

左頁圖｜月見糰子

小林一茶（こばやしいっさ／Kobayashi Issa，一七六三～一八二八）也有一首：

名月(めいげつ)を
取(と)ってくれろと
泣(な)く子(こ)哉(かな)
（中秋明月啊，摘下摘下給我玩，孩子哭鬧乎。）

一樣是江戶三大「俳人」（はいじん／Haijin）之一的与謝蕪村（よさのぶそん／Yosano Buson）則是：

名月(めいげつ)や
兎(うさぎ)のわたる
諏訪(すわ)の湖(うみ)
（中秋明月下，兔子横渡諏訪湖，一隻又一隻。）

光是芒草也有一番風情

日本、中國、韓國人都知道月亮與兔子的關係，蒙古人卻認為住在月亮的是狗，要是說謊，月亮的狗會生氣而狂吠。阿拉伯人認為是獅子，歐美人則視月亮為女人的側臉，印尼是織布女人，越南是在樹下休息的男人，奧地利是點燈熄燈的男人，德國是扛柴的男人，北歐是閱讀的老太婆，南歐是螃蟹……原來月亮有這麼多面孔？實在有趣。

賞月的日文是「月見」（つきみ／Tsukimi），是故無論蕎麥麵或烏龍麵，只要上面加個生雞蛋，便稱為「月見蕎麦」（つきみそば／Tsukimi soba）或「月見うどん」（つきみうどん／Tsukimi udon，月見烏龍麵）。

說到「月見」料理，由於我單身又獨居，往往因趕稿沒時間做飯，時常到超市買「甘海老」（あまえび／Amaebi），就是專門用在生吃並有甜味的紅蝦。剝掉頭尾和外殼吃掉蝦肉後，再把紅蝦頭尾和外殼煮成高

月見蕎麥麵

湯，放白味噌做成味噌湯，之後放入白飯，最後加一個雞蛋，撒一些蔥花。雞蛋不要煮熟，燜個半熟就好。

這一道MIYA流派「月見ねこまんま」（つきみねこまんま／Tsukimi Nekomanma）非常好吃。不過，「月見ねこまんま」是我擅自取的料理名，翻成中文是「月見貓飯」。「貓」是「ねこ」（Neko），「まんま」（Manma）是幼兒語，「飯」之意。老一代的日本人往昔通常用剩飯泡味噌湯給貓狗吃，所以看到年輕人在白飯澆上味噌湯吃，會皺眉甚至出聲斥罵，說這種吃法沒家教。

不過，現代日本人都給貓狗吃寵物罐頭或乾糧，罕見有人用白飯餵狗餵貓了。我到網路去查「ねこまんま」（Nekomanma，貓飯），發現有不少年輕人喜歡這種吃法，雖然仍會挨父母罵，但喜歡的人還是照吃不誤。

各位看官不妨試試看，但一定要用有甜味的紅蝦加上帶甜味的白味噌，不用加味精，光是紅蝦湯頭就值得你翹起大拇指。

秋分の日——しゅうぶんのひ／Shu-bun no hi
秋のお彼岸——あきのおひがん／Aki no ohigan（九月二十三日前後一星期）

以秋分為準，前後各三天，總計一星期的掃墓節。跟「春のお彼岸」一樣，除了去掃墓，還得在「仏壇」擺供「供物」，祭祀已故家人。

「秋分の日」也是國定假日，這天要吃「御萩」（おはぎ／Ohagi）。「御萩」跟春分的牡丹餅一樣，將糯米和白米混合煮熟，捏成飯糰，外層裹紅豆泥或「きなこ」（Kinako，黃豆粉）。只是春天的名稱是牡丹，秋天的名稱是胡枝子而已。全球恐怕只有日本把春分和秋分訂為國定假日，而從這些供品名稱也可以看出日本人對四季風花雪月的敏感度。

左頁圖｜秋のお彼岸時吃的御萩

曼珠沙華，彼岸花

掃墓季節正是「曼珠沙華」（マンジュシャゲ／Manjushage）盛開時期，「曼珠沙華」通稱「彼岸花」（ヒガンバナ／Higanbana）。在日本算是不吉利的花，多種在水田田徑或墳場。據說約二千五百年前自中國或朝鮮半島跟隨稻子傳至日本，當時可能只夾雜一個鱗莖，之後逐漸繁殖，因此全日本的彼岸花只有雌花，無法用種子培育。

而且日本的彼岸花幾乎都是紅色，白色和黃色比較少見。另有一點很奇怪，日本北國和南國氣溫差異很大，卻不知怎麼回事，彼岸花不管氣溫高低，全集中在「秋のお彼岸」掃墓時期同時開花。

彼岸花是俳句秋季季語之一，但由於花開時不長葉，葉生時不開花，花與葉從來沒有見面的機會，所以花語是：悲傷的回憶，我只想念你一人……等等。韓國話稱為「相思華」（サンチョ／Sancho），中文叫「紅花石蒜」。因為同時開花，花開時期看上去彷彿地獄火焰，所以又有個別稱叫「地獄花」（じごくばな／Jigokubana）。

我很想在自家院子種幾株彼岸花，卻基於鱗莖有毒，毒性又非常強，很可能會殺死我家院子泥土中的無數肥蚯蚓，只得作罷。所幸埼玉縣日高市（ひだかし／Hidakashi）西部的「巾着田」（きんちゃくだ／Kinchakuda）是聞名全日本的彼岸花名所，離我家只有十五公里，那兒有一百萬株曼珠沙華，開花時期非常壯觀，我可以每年去觀賞地獄火焰。

日本人對彼岸花有一種難以言喻的複雜感情。花本身並無錯處，而且又開得那麼豔麗，只是跟「墳場」、「不吉利」套在一起，會令人無端萌生一股悲情。夏目漱石有一首俳句正是描寫這種心境。

曼珠沙華　あっけらかんと　道(みち)の端(はた)

（曼珠沙華　若無其事地　開在路旁）

小津安二郎導演的「彼岸花」電影，內容也是描述父親眼看女兒即將出嫁的那種複雜心情。我覺得，這部電影片名取得實在非常恰當。

曼珠沙華，彼岸花

十月

じゅうがつ／Ju-gatsu

体育の日——たいいくのひ／Taiiku no hi（十月第二個星期一）

「体育の日」翻成中文便是體育節，這天也是國定假日。一九六四年東京奧運會開幕式是十月十日，日本政府於一九六六年起將十月十日訂為國定假日體育節。但二〇〇〇年起實施「ハッピーマンデー制度」（ハッピーマンデーせいど／Haapi Mande seido，英文：Happy Monday System），將某些國定假日移至特別指定的星期一，讓大部分上班族可以連放三天假。

只是，把體育節移至十月第二個星期一這種做法，遭來不少怨言，主要是學校運動會也在這天舉行。如果在十月十日舉行，晴天概率非常高，但移至第二個星期一後，幾乎都會碰上雨天。

日本有幾個根據氣象學統計出的「特異日」（とくいび／Tokuibi），十月十日正是晴天「特異日」。事實上，一九六六年至一九九九年之間的三十四年，關東地區在十月十日這天只下過五次雨，但二〇〇〇年至二〇〇七年之間的八年，十月第二個星期一有六次是雨天。不過，這是關東地區的統計結果，並非適用於全日本。

運動會

關東地區主要的「特異日」如下：

・一月十六日：「**晴れ**」（はれ／Hare，晴天）。
・三月十四日：「**晴れ**」
・三月三十日：「**雨**」（あめ／Ame，雨天）。
・四月六日：「**寒の戻り**」（かんのもどり／Kannomodori，回寒）。
・六月一日：「**晴れ**」
・六月二十八日：「**雨**」
・八月十八日：「**猛暑**」（もうしょ／Mo-sho），「**酷暑**」（こくしょ／Kokusho），氣溫在攝氏三十五度以上。
・九月十七日：「**台風**」（たいふう／Taifu-，颱風）。
・九月二十六日：「**台風**」
・十月十日：「**晴れ**」
・十一月三日：「**晴れ**」

當然以上統計並非必定如此，而是概率性非常高之意。

至於學校運動會是明治七年（一八七四）海軍軍官學校的英國人英語教師首開風氣，批准人正是當時任職「參議」（さんぎ／Sangi）兼海軍元帥的勝海舟（かつかいしゅう／Katsu Kaishu，一八二三～一八九九）。

根據當時的節目單資料，除了二百碼「競走」（きょうそう／Kyo-so-，賽跑）、「三段跳」（さんだんとび／Sandantobi，三級跳）、「棒高跳」（ぼうたかとび／Bo-takatobi，撐竿跳高）、「砲丸投」（ほうがんなげ／Ho-gannage，推鉛球）等「陸上競技」（りくじょうきょうぎ／Rikujo-kyo-gi，田徑運動），還有「肩車競走」（かたぐるまきょうそう／Kataguruma Kyo-so-，騎馬打仗）、「豚追い競争」（ぶたおいきょうそう／Butaoi Kyo-so-，抓豬競賽）等遊戲節目，總計十八項。

其中最後的大軸子「豚追競争」指的是抓小豬遊戲，而且小豬身上塗了油，競賽者很難抓住小豬，想必觀眾席上一定歡聲四起，啦啦隊叫喊聲此起彼落，不絕於耳。據說全校只有一位學生成功抓住了小豬，搏得滿堂喝彩。只是當時不叫運動會，而是「競闘遊戲會」（きょうとうゆうぎかい／Kyo-to-yu-gi-kai）。直到明治十六年（一八八三）東京大學舉行運動會，這時才出現「運動會」（うんどうかい／Undo-kai）這個詞。

日本小說家二葉亭四迷（ふたばていしめい／Futabatei Shimei，一八六四～一九〇九）在長篇小說《浮雲》（うきぐも／Ukigumo）中，描寫了東京北區飛鳥山（あすかやま／Asukayama）公園舉行運動會的情景。小說中的媽媽把「運動會」唸成「うどん会」（うどんかい／Udonkai），乍看之下會令人以為是烏龍麵會。小說發表於一八八七年，內容還說明該年是第五屆飛鳥山運動會，可見「運動會」這個詞在當時仍不是很普遍。

不過，近幾年有很多學校將運動會改在春季五、六月，理由是秋季的學校例行活動太多，另有「文化祭」（ぶんかさい／Bunkasai）、「合唱コンクール」（がっしょうコンクール／Gassho-konku-ru，合唱比賽）等等。日本學校自二〇〇二年起實施週休二日制，因此運動會或文化祭這類須長期準備的活動，只能拆開進行。

紅葉狩り——もみじがり／Momijigari（十月～十一月）

秋天到了，晨起夜漏時分須披外衣，倚窗觀看院子梅樹落葉繽紛，「雪柳」（ユキヤナギ／Yukiyanagi，珍珠花、噴雪花）葉子逐漸轉黃，也許有人會愁意上心頭，我卻只想出門到樹林踏逐枯枝衰草。

秋天亦是楓紅時期，日語的「紅葉」唸成「こうよう」（Ko-yo-）或「もみじ」（Momiji），賞楓行為稱為「紅葉狩り」（もみじがり／Momijigari，紅葉狩），楓樹類則總稱「楓」（カエデ／Kaede）。據說楓葉呈手掌形，很像青蛙手掌，青蛙的日語是「蛙」（カエル／Kaeru），本來稱楓葉為「蛙手」（カエルデ／Kaerude），日後逐漸縮短為「カエデ」。

「狩り」（かり／Kari）原本是狩獵之意，後來擴大範圍，連到果園現摘現吃並打包回家的野遊活動也適用，例如：「イチゴ狩り」（イチゴがり／Ichigogari，草莓狩）、「ぶどう狩り」（ぶどうがり／Budo-gari，葡萄狩）等等，之後又延伸至花草之類。賞櫻也可以稱為「桜狩り」（さくらがり／Sakuragari），只是這個詞比較少用，通常使用「花見」（はなみ／Hanami）一詞。

楓紅

賞楓跟賞櫻一樣，有「紅葉前線」（こうようぜんせん／ko-yo-zensen），就是中文的「紅葉指數」。但前線進行方向剛好跟櫻花相反，以北海道大雪山（だいせつざん／Daisetsuzan）為起點而南下。日本有很多著名紅葉勝地，不過，我比較喜歡秋天的銀杏黃葉。

此外，「紅葉」（もみじ／Momiji）也是鹿肉的隱語，馬肉是「櫻」（さくら／Sakura），野豬肉是「牡丹」（ぼたん／Botan）。這種隱語通常用平假名，有些店家會用漢字，因此諸位客官到日本旅遊時，倘若看到看板上寫著「紅葉鍋」、「櫻鍋」、「牡丹鍋」等字詞，千萬別以為是用紅葉、櫻花、牡丹煮成的火鍋料理。

提到有關紅葉的料理，有一樣在日本很常見的「薬味」（やくみ／Yakumi，佐料），名為「紅葉卸し」（もみじおろし／Momijiroshi）。就是在白蘿蔔中央穿洞，塞入辣椒，再磨成紅色蘿蔔泥，通常當作火鍋佐料。

往昔，我家大兒子未滿周歲時，有一次全家人去吃火鍋，那時我不知道小碟子內的紅色蘿蔔泥藏有暗箭，以為是加了色素的普通

楓葉

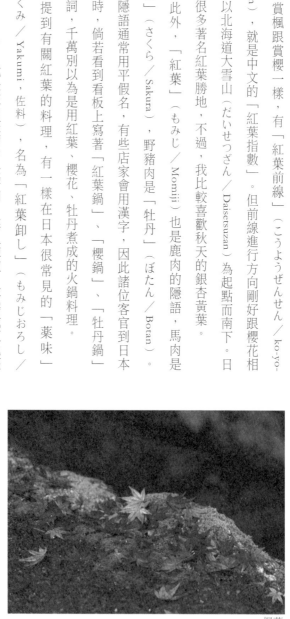

河豚火鍋也少不了辣蘿蔔泥

蘿蔔泥，夾了一口塞進兒子嘴裡。結果兒子辣得嚎啕大哭，前夫與前任婆婆以及在座的所有親戚都捧腹大笑。

當年我才二十一歲，是個進夫家接受各種教育還不到一年的小媳婦，經常鬧笑話。如今想來，往昔那段有哭有笑的小媳婦時代，正是我目前的寫作原動力。我應該感謝生於明治時代，歷經明治、大正、昭和、平成四個時代，長我五十歲，最終移居九泉之下的前任婆婆。

十三夜——じゅうさんや／Ju-sanya（十月下旬〜十一月上旬）

有「越後の虎」（えちごのとら／Echigo no Tora，越後之虎）美譽的「戦国大名」（せんごくだいみょう／Sengoku Daimyo-，日本戰國時代諸侯）上杉謙信（うえすぎけんしん／Uesugi Kenshin，一五三〇〜一五七八），生前留下一首漢詩〈九月十三夜〉：

霜滿軍營秋氣清
數行過雁月三更
越山併得能州景
遮莫家鄉憶遠征

「越後」（えちご／Echigo）是舊國名，今新潟縣（にいがたけん／Niigataken），「能州」指的是石川縣（いしかわけん／Ishikawaken）能登半島（のとはんとう／Notohanto-）。這是上杉謙信於一五七七年占領了能登半島，在軍營辦酒宴，酒酣之餘當場作的漢詩。

十三夜是陰曆九月十三日的月亮，比起傳自中國的中秋明月，自古以來，日本「歌人」（かじん／Kajin，和歌、短歌詩人）或「俳人」（はいじん／Haijin）均比較喜歡十三夜的月亮。主要原因是中秋夜多陰，但十三夜幾乎都是晴天，甚至有「十三夜に曇り無し」（じゅうさんやにくもりなし／Ju-sanya ni kumori nashi）這句慣用語，意思是「十三夜無陰」。

這天是日本傳統賞月節，跟中秋十五夜一樣，都在窄廊供奉糰子、栗子、芒草，十五夜別稱「芋名月」（いもめいげつ／Imomeigetsu），十三夜則別稱「栗名月」（くりめいげつ／Kurimeigetsu）。

秋天美味的栗子

二〇〇九年的十三夜是十月三十日。雖然中國人沒有在這天賞月的習慣，不過若有人過膩了中秋節吃月餅那種湊熱鬧氣氛，尤其台灣人的中秋節已變質為全民烤肉節，大街小巷裊裊炊煙，那麼，我想，您不妨在這天單獨一人到公園或佇立自家陽台享受一下真正的清風明月。

順便教各位「栗ご飯」（くりごはん／Kurigohan，栗子飯）做法。先把栗子放進開水中煮三分鐘，等栗子涼了後，再用水果刀於栗子底部（圓形那側）切個口，剝開栗子皮，內膜也用水果刀剝掉。剝完後，要立即放入冷水浸約半個鐘頭，不然會變色。

白米洗淨，放入切半的栗子，加日式高湯（昆布或柴魚都可以），用電鍋煮。煮熟後再燜十分鐘。吃時將栗子飯拌鬆，撒上芝麻即可。

栗子養胃健脾，補腎強筋，活血止血，是抗衰老、延年益壽的滋補佳品，素有「千果之王」美譽。無論栗子飯或栗子甜點，我都很喜歡吃。十三夜吃栗子飯，窗邊擱一束隨便從路邊摘回來的芒草，在陽台吹風賞月看星星，應該別有一番情趣。可惜我缺乏作詩細胞，只能在陽台跟三個萬兩少爺（貓兒子）玩躲躲貓。

十一月

じゅういちがつ／Ju-ichigatsu

文化の日——ぶんかのひ／Bunka no hi（十一月三日）

這天是國定假日，皇居宮殿會舉行「文化勲章」（ぶんかくんしょう／Bunkakunsho-）頒發典禮，由天皇親自授予勳章。日本全國各地也會舉辦各式各樣的文化活動或藝術祭。

文化活動

亥の子の祝い——いのこのいわい／Inoko no iwai（十一月第一個亥日）

此節日本來是宮中祭典，民間則是在日本列島西半部的「西日本」（にしにほん／Nishinihon）較盛行。「亥」（い／I）在十二生肖中屬豬，但日文的「豬」（イノシシ／Inoshishi）指的是山豬、野豬，食用豬的漢字是「豚」（ぶた／Buta）。只要比較一下中國和日本的月曆，一定可以發現同樣是十二生肖，日本的十二月是山豬、野豬，而非「豚」。山豬在日本是「摩利支天」（まりしてん／Marishiten）使者，而摩利支天原為古印度光明女神，傳到日本就變成武士守護神。

家豬，日本稱為豚

無論野豬或家豬，均基於多產而代表子孫滿堂，因此「亥子祝」的主角是兒童，祈願家中孩子無病無災的節日。關西地區的糕點甜食店於十一月初就會開始賣「亥の子餅」（いのこもち／Inokomochi），又稱「玄猪餅」（げんちょもち／Gencho-mochi），是一種包甜餡的麻糬，也是俳句冬季季語之一。

這節日算是一種收穫祭，農村小孩會在這天手持一根用繩子捲起的稻草槌子，稱為「亥の子槌」（いのこづち／Inokoduchi），到各家院子邊唱歌邊搥打地面，儀式結束後可以領取各家事前準備好的「玄猪餅」。

京都上京區（かみぎょうく／Kamigyo-ku）護王神社（ごおうじんじゃ／Go'o-jinja）每年在這天會舉行古式儀式，而且護王神社拜殿前的「狛犬」（こまいぬ／Komainu）和洗手漱口處的「手水舍」（ちょうずや、てみずや／Cho-zuya、Temizuya）裝飾，都不是石獅子，而是石野豬或靈豬，有興趣的人可以去開開眼界。

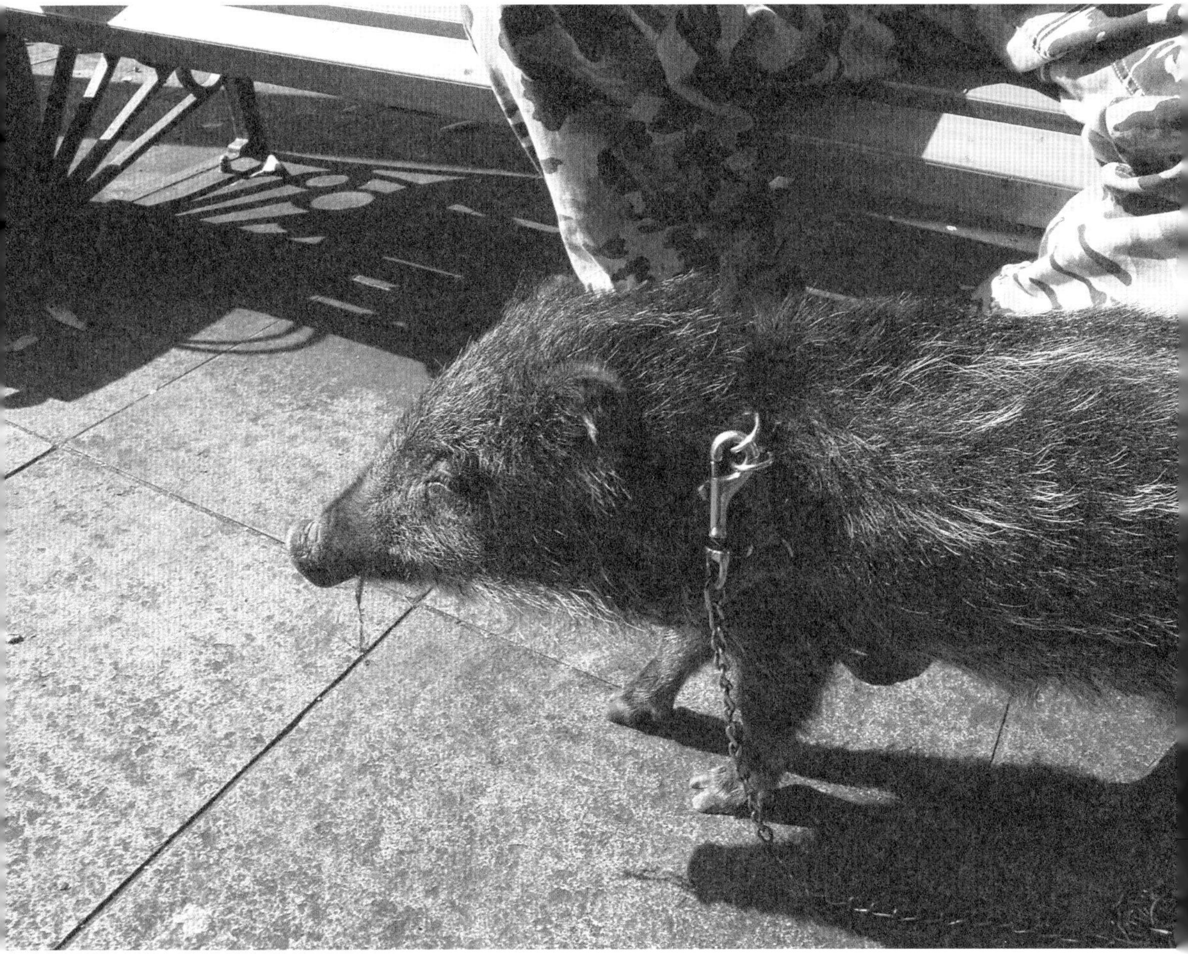

山豬，日本稱為豬

七五三——しちごさん／Shichigosan（十一月十五日）

此節日是全國性兒童節日，男兒是三歲、五歲，女兒是三歲、七歲，於這天穿著和服跟爸爸媽媽到神社參拜，祈求能平安長大。由於這節日規模非常大，而且是傳統節日，所以即便爸爸媽媽不穿和服，也要穿正式禮服才不會有失體統。

一家人到神社參拜後，通常會到相館拍紀念照，超市和百貨公司每年在這時期都會於入口處裝飾七五三和服出租樣品。反正一生只在三歲、五歲、七歲過一次節而已，大部分家庭都租和服給孩子穿。雖然有些人會在高級飯店設宴慶祝，但一般家庭通常在家裡準備盛餐招待祖父母、外祖父母、叔伯姑舅姨等自家人。

三歲、五歲男兒，三歲、七歲女兒的節日

孩子在這天拍照時，必定手持「千歲飴」（ちとせあめ／Chitoseame），是一種長約三十公分、染成紅白二色的棒棒糖，類似麥芽糖，兩根一套，裝棒棒糖的紙袋印有象徵長壽的龜鶴、松竹梅等吉祥圖案。

節日起源於千年前的平安時代，江戶時代才普及民間。當時醫療設備不像現代如此完備，醫術也落後許多，加上天災、饑饉，孩子往往會早夭，因此江戶人認為不到七歲的孩子都是神佛的子弟，父母只是代替神佛暫且照顧孩子而已。未滿七歲的孩子若不幸夭折，父母也不正式辦理殯葬。總之，當時孩子只要能活到七歲，父母就會謝天謝地，慶幸自己的孩子可以平安長大。

至於男兒是三歲、五歲，女兒是三歲、七歲的理由，基於往昔無論男兒女兒，在孩子三歲時都會舉行「髮置」（かみおき／Kamioki）儀式，就是剃掉出生後

長出的頭髮，戴上棉花帽子，祈求孩子重新長出的新頭髮可以維持到白髮蒼蒼的年齡。

男兒在五歲時必須進行「袴着」（はかまぎ／Hakamagi）儀式，也就是第一次穿正式禮服的裙褲，透過此儀式，男兒才能稱為「童子」（どうじ／Do-ji）。這時，孩子頭上戴冠，站在棋盤上向四方拜神。棋盤表示人生賭場，向四方膜拜是祈求孩子長大後，無論碰到任何人生問題，都能順利過關之意。

女兒在七歲進行的儀式是「帯解」（おびとき／Obitoki），因為女兒在七歲前穿的和服腰帶是縫在衣服上的，七歲後才開始學綁腰帶。而腰帶另有將靈魂鎖在體內的意思，如此才不會讓女兒一失足成千古恨，再回頭是百年身。

往昔的日本人均有所謂的「髮置親」、「袴親」、「冠親」、「帯親」，此處的「親」（おや／Oya）是指父母代理人。「髮置親」由長壽者擔當；男兒的「袴親」、「冠親」由達官貴人擔當，這人對男兒來說，是終生監護人；「帯親」則由送腰帶的年長女性擔任。

右頁圖｜千歲飴

左頁圖｜七五三和服的出租樣品

酉の市——とりのいち／Tori no ichi（十一月酉日）

「酉」（とり／Tori）日每隔十二天輪一次，二〇〇八年的酉日是五日、十七日、二十九日，各別稱為「一の酉」（いちのとり／Ichi no tori）、「二の酉」（にのとり／Ni no tori）、「三の酉」（さんのとり／San no tori）。

這天日本全國各地的鷲神社、大鳥神社（おおとりじんじゃ／Ohtori Jinja）都會舉行集市，聚集賣各式各樣吉祥物的攤販，其中最有人氣的吉祥物是「縁起熊手」（えんぎくまで／Engikumade）。

「熊手」（くまで／Kumade）就是竹耙子，「縁起」（えんぎ／Engi）是吉祥之意。竹耙子在日本是吉祥物之一，表示可以扒攏福氣或財運，元旦時神社都有賣。

左頁圖｜ 酉市的緣起熊手

就歷史與規模來說，東京淺草鷲神社的酉市最有名，約有一百五十個吉祥物攤販以及七百多個商品、吃食攤販，每年都有七、八十萬參拜客。除了「緣起熊手」，還會賣一種名叫「八頭」（やつがしら／Yatsugashira）的芋頭，也就是中文的九面芋或多頭芋，因為母芋與子芋、孫芋無明顯差別，互相密接重疊成整塊，在日本代表出人頭地或子孫滿堂。

此外，據說「三の酉」當年火災特別多，這似乎不是迷信，而是統計結果，因此這節日也可以說是呼籲民眾注意火災的祭典。

開運熊手

新嘗祭——にいなめさい、しんじょうさい／Niinamesai、Shinjo-sai（十一月二十三日）

本來是皇室祭神儀式，古時候的天皇在這天用當年收穫的「新米」（しんまい／Shinmai）製成的酒或年糕，謁款天神地祇。現代仍由天皇派敕使送「大御饌」（おおみけ／Ohmike，神饌）至伊勢神宮（いせじんぐう／Ise Jingu-）祭拜。

戰後改為「勤労感謝の日」（きんろうかんしゃのひ／Kinro-kansha no hi），成為國定假日。也就是說，戰前是感謝秋收的節日，類似美國的感恩節，戰後擴大為感謝秋收並感謝眾國民的勤勞，全民放假一天。

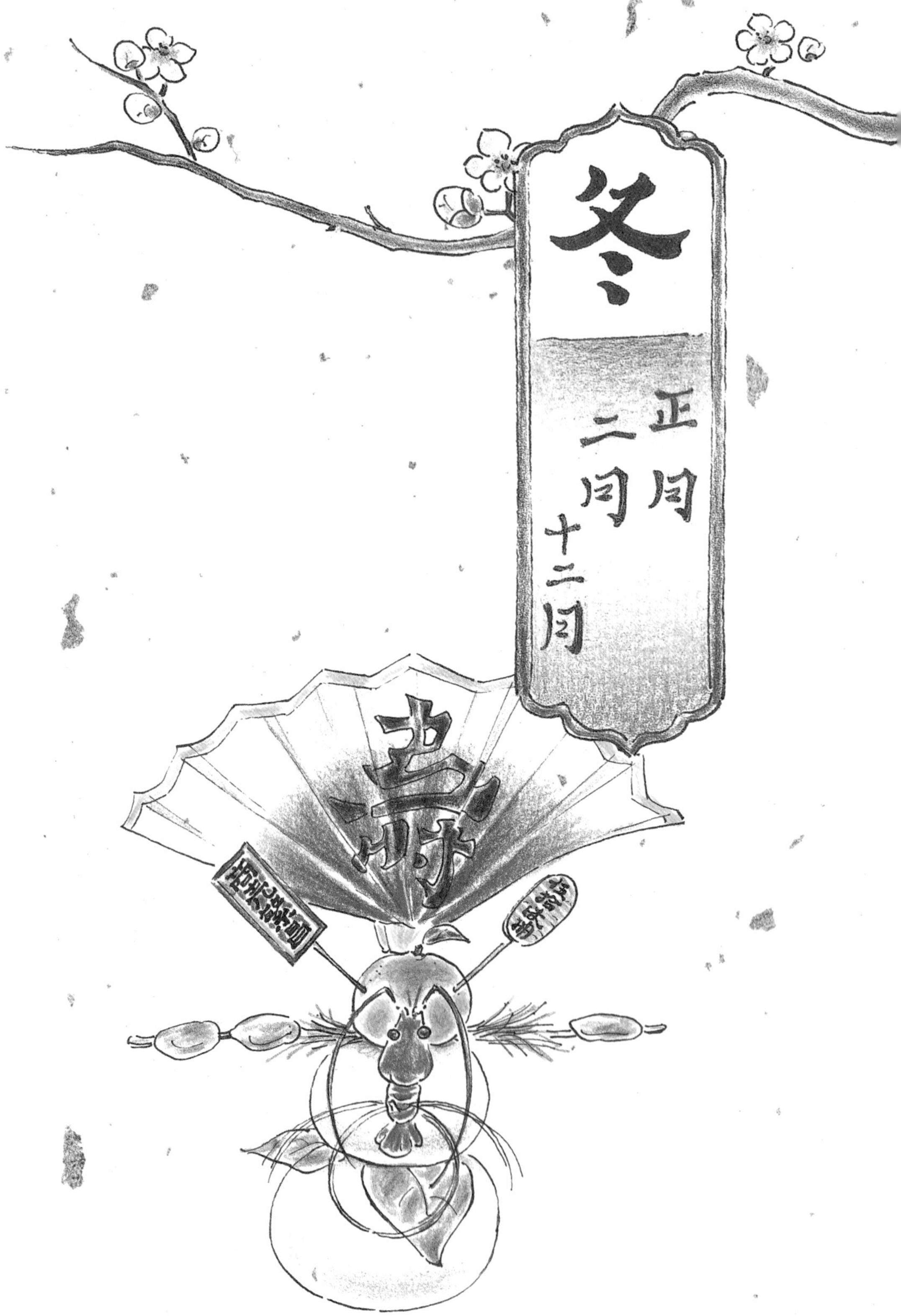
冬
正月
二月
十二月
壽

御祝

十二月

じゅうにがつ／Ju-nigatsu

お歳暮——おせいぼ／Oseibo（十二月中旬以前）

「お歳暮」和七月的「お中元」（おちゅうげん／Ochu-gen）一樣，都是送禮習俗，只是歲暮禮的價格通常比中元禮高一些。反正每年這兩個時期，超市和百貨公司都會幫消費者把禮品包裝得漂漂亮亮，消費者只要挑選樣品，再填寫收禮者的地址姓名，禮品便會經由各家「宅配便」（たくはいびん／Takuhaibin）運輸服務公司送到對方手中。

歲暮禮品

無論中元禮或歲暮禮，盒子上都一定附有一張印有紅白「水引」（みずひき／Mizuhiki）和「熨斗鮑」（のしあわび／Noshiawabi）圖案的慶賀紙張。「水引」是禮品或婚喪嫁娶等事的禮金、奠儀封套裝飾繩子，喜事是紅白或金銀二色，喪事是黑白二色；「熨斗鮑」圖案則專門用在喜事或禮品上。另外，要注意的是現代電熨斗的日文是「アイロン」（Airon），與前述的漢字「熨斗」意思完全不同。

據説六〇七年第二回遣隋使（けんずいし／Kenzuishi）小野妹子（おののいもこ／Ono no imoko，生歿年不詳）在隋國待了一年，第二年同隋使裴世清回日本時，帶的回禮正是用紅白麻繩綁上。之後，所有宮廷進獻物都用紅白麻繩綁。

小野妹子是男性，飛鳥時代（あすかじだい／Asukajidai，六世紀末～八世紀初）政治家，正是帶著那封名揚全球的「日出處天子致書日沒處天子無恙云云」國書，惹得隋煬帝（五六九～六一八）大怒，謂鴻臚卿曰「蠻夷書有無禮者，勿復以聞」的那位人士。

但隋煬帝生氣的理由並非「日出處」與「日沒處」描述，這是當時的佛教用語，表示「東方」、「西方」，令隋煬帝暴怒的理由是倭皇竟膽敢自稱「天子」。既然日沒處是皇帝，日出處的倭皇只得改稱「天皇」，順便把國號改為「日本國」。這封國書內的「日出處」很有趣，英文翻成「the land of the rising Sun」，法文翻成「le pays du soleil levant」，西班牙文是「El pais del sol naciente」。

日本的喜事紅包

然而，我個人覺得裴世清帶的紅白麻繩回禮是日本「水引」起源這說法過於牽強。據我所知，中國人逢喜事都用大紅色，連壓歲錢都稱為「紅包」，怎麼可能在回禮綁紅白麻繩？另一種說法是，古代中國在出口品都綁白麻繩以便區分。因此，我想裴世清帶的回禮很可能只綁紅麻繩，但因是出口品，所以又加上白麻繩。大概日本古人誤會了其意而流傳至今吧。包裝往昔是用麻繩，後來進化為紙捻，由於必須加漿糊水才不會讓幾條紙捻成的紙捻恢復原狀，名稱也就改為「水引」。

至於「熨斗鮑」則是日本古來的贈品裝飾，口語均簡稱「熨斗」（のし／Noshi），通常與「水引」併用。本來是用裝炭火的鐵熨斗將切成薄片的鮑魚肉燙長再曬乾之物，有延壽之意，現代都簡略為印刷品。

雖然「熨斗鮑」指的是鮑魚，但也表示所有鮮魚類，因日本四面環海，古人的贈品通常是鮮魚，後來才以珍貴鮑魚代表所有鮮魚贈品。換句話說，「熨斗」是指魚類贈品，然後逐漸演變為「下酒菜」之意，那個印有「熨斗」圖案的白紙意思是：「我送你這盒食品，你就當做下酒菜喝一杯吧。」倘若贈品真是鮮魚類，就不用包那張白紙。超市、百貨公司、商店店員都懂這些規矩，不用客戶特別叮囑，他們在包裝禮品時會主動分類。

右頁圖｜水引

左頁圖｜熨斗鮑

此外，請各位看官注意一下紅白「水引」，紅色絕對在東方，就是以觀看者看來是右方。日本很多傳統習俗均按「陰陽道」（おんみょうどう／Onmyo-do-）而行，紅色是日出，屬陽，黑色是日沒，屬陰，所以「水引」絕對是白左紅右。既然紅色屬陽，也就代表男人；黑色屬陰，代表女人。元旦吃「雜煮」時，正式禮法是男人用紅碗，女人用黑碗，日本的世家名門都很注重這類傳統。

附帶一提，「宅配便」是所有以家庭投遞為主的運輸服務總稱，「宅急便」（たっきゅうびん／Takkyu-bin）則是「ヤマト運輸」（やまとうんゆ／Yamato Unyu-，大和運輸）公司的服務商標。台灣統一集團因與日本大和運輸公司簽訂了技術提供協議合約，一律用「宅急便」，但中國大陸的「宅急送」跟日本大和運輸公司毫無關係，只是改了一個字而已。

據說北京宅急送快運公司總裁陳平先生於一九九〇年到日本留學，得知日本有此快遞服務，三年後回國創辦快遞公司，經過十多年的努力，目前已發展為擁有八千多名員工的企業。

歲暮禮品

冬至——とうじ／To-ji（十二月二十二日前後）

提到冬至，我總會想起「柚子湯」（ゆずゆ／Yuzuyu）和「柚子茶」（ゆずちゃ／Yuzucha）。在此，「柚子」（ゆず／Yuzu）指的是香橙而非「文旦」（ブンタン／Buntan）。

前者是在冬至這天於浴缸內放幾個香橙，泡香橙熱水澡；後者指的是真正喝的茶。冬天時，我經常買韓國製柚子茶來喝，這也是韓國傳統茶之一，非常爽口。

「柚子湯」可以促進血液循環，並有止痛、殺菌效用。泡柚子湯時最好把整個香橙放進浴缸內，或者切半，大概四、五個就夠了。泡著泡著，果皮會逐漸融出檸檬酸和維他命C，具有美肌效果。

柚子茶

我並非每年都很注意月曆寫的春分、秋分、冬至這類節日，只是超市都會擺出應景用品，提醒消費者什麼節快到了，我都是到超市買菜時才發現冬至已臨，必須買香橙回家泡澡。

中國北方人在這天習慣吃餃子，南方人則吃湯圓，日本是吃南瓜和紅豆粥。我個人不喜歡吃南瓜和紅豆粥，所以每逢冬至在網路上看到台灣讀者留言說要吃湯圓時，就羨慕得很。不過我懷念的是裡面沒包餡的甜湯圓，記得小時候時常幫母親揉紅白湯圓，現煮現吃，雖然現在也可以自己做，卻總是提不起勁。一個人吃湯圓只會平添幾許鄉愁，不如去泡柚子湯，泡完再喝一杯柚子茶。

柚子在日本指的是香橙

天皇誕生日——てんのうたんじょうび／Tenno-tanjo-bi（十二月二十三日）

這天是目前第一百二十五代今上天皇（きんじょうてんのう／Kinjo-tenno-）的生日，也是國定假日。不過一般口語稱呼天皇時，通常稱「天皇陛下」（てんのうへいか／Tenno-heika），罕見有人說成「今上天皇」。「諱」（いみな／Imina）是明仁（あきひと／Akihito）。

天皇陛下生於一九三三年，五十五歲即位，平成二十年（二〇〇八）滿七十五歲。我還記得昭和天皇駕崩時電視現場轉播的一連串儀式，眨眼間，平成元年（昭和六十四年，一九八九）生的孩子於二〇〇九年便滿二十歲，真是日月擲人去，歲月不待人。

不過，若將人生區分為春、夏、秋、冬四季，那麼，我已經度過「青春」（せいしゅん／Seishun）、「朱夏」（しゅか／Shuka）時代，眼下正逢「白秋」（はくしゅう／Hakushu-），未來的老年生活是「玄冬」（げんとう／Gento-）。換個形容詞而已，人生便如此詩情畫意。

天皇誕生日懸國旗慶賀

クリスマス——Kurisumasu／英文：Christmas（十二月二十五日）

日本通常是過二十四日平安夜的「イヴ」（Ivu，英文：Eve），這節日早已跟宗教無關，變成全球性狂歡節。日本人通常與家人一起度過這個夜晚，爸爸上班回家時在車站前買蛋糕，媽媽在家烤雞肉並準備聖誕禮物。

自從我家孩子長大後，我就不過聖誕節了。我在大兒子小學四年級、二兒子小學二年級時便成為單親媽媽。那時白天要上班，聖誕節又不是國定假日，對我們這種單親家庭來說是個很尷尬又很麻煩的節日。別人家是爸爸扮演聖誕老人角色，我們家是當媽媽的我全部包辦。

東京彩虹大橋的聖誕裝飾

二兒子直至小學畢業仍深信聖誕老人會在平安夜十二點整送禮物到他枕邊。學校同學取笑他，說世上沒有聖誕老人，聖誕老人是爸爸假扮的。但我家孩子沒有爸爸，我只好騙他：「我們家的聖誕老人是真的。」那時大兒子已知道聖誕老人是假的，卻跟我聯手把弟弟哄得團團轉。後來二兒子經不起同學取笑，經常強撐著要等到深夜十二點親眼看到聖誕老人來訪。只是，他每次都撐不到十二點便睡著，等他第二天早上醒來，枕邊已有禮物，所以他無法證實那包禮物到底是聖誕老人送來的還是媽媽偷偷放的。

直至今日，他還記得當時被媽媽和哥哥騙得深信不疑之事。每次母子三人回憶起往事時，他總是笑著說：「全班同學只有我一個人相信聖誕老人的存在，你們實在太過分了，兩人串通騙我。」

新年對單親家庭來說不成問題，反正壓歲錢由父母發，爸爸發或媽媽發都無所謂，只有聖誕禮物令我很頭痛。或許，我是心疼二兒子從小就缺乏父愛，才那麼費盡心思灌輸他聖誕老人實有其人之說吧。

右頁圖｜東京丸之內的聖誕裝飾

左頁圖｜橫濱 MM21 的聖誕裝飾

年賀狀——ねんがじょう／Nengajo-（十二月二十五日之前）

「年賀狀」是賀年明信片。我們先來看一段江戶風俗作家岡本綺堂描述的〈賀年片〉往事，雖然刊載日期不詳，不過可以推測是大正時代（たいしょうじだい／Taisho jidai，一九一二～一九二六）或昭和時代（しょうわじだい／Sho-wajidai）初期寫成。

「新年的東京，放眼望去，特別令人寂寥的是拜年者減少了。當然現在多少也有，但只比平日行人多些，頂多是明治時代的十分之一或二十分之一而已。

有關江戶時代的物事，只能聽故老講述，而自己親眼目睹的明治東京——現在回想起當時新年的熱鬧氣氛，真如字面那般，恍若隔世。新年頭三天當然不在話下，初七七草粥節過後，直至十日，東京街頭仍有拜年者來往不絕，真的很熱鬧。

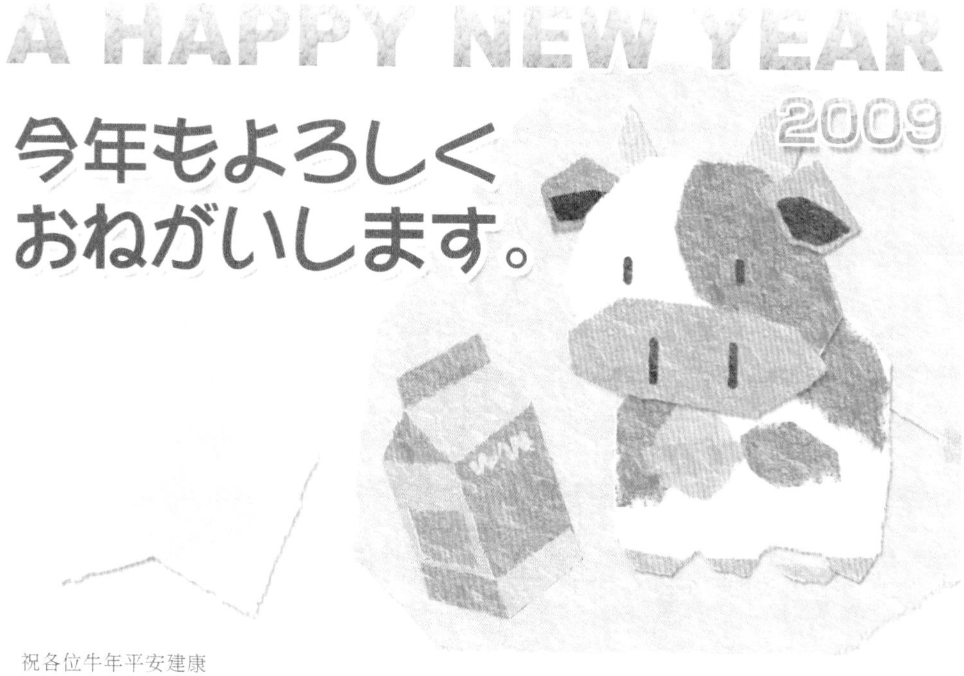
A HAPPY NEW YEAR
2009
今年もよろしく
おねがいします。

祝各位牛年平安建康

明治中葉以前沒有所謂的賀年片。寄送對象主要是住在地方城市的親戚友人，如果對方住在東京府內，即使是府下地區（當時「東京都」名為「東京府」，分為「東京市」和「東京府下」），只要地點不是特別偏僻或交通不便，沒人會以郵件應付拜年的義理人情。對方若住市內，以郵件表述新年賀詞更是不應有的行為，因而所有拜年者都必須前往下町或山手甚至郡部，一一向親朋好友賀年。市內電車於明治三十六年（一九〇三）十一月開通，但當時只有半藏門（はんぞうもん／Hanzo-mon）到數寄屋橋見附（すきやばしみつけ／Sukiyabashimitsuke）、神田美土町（かんだみとちょ／Kandamitoryo-）到數寄屋橋（すきやばし／Sukiyabashi）這兩條路線而已，大正初年才全部完成如今的市內路線。

因此，人力車另當別論，通常只能徒步。正月時，人力車車費比平常昂貴，而且全市的車數也有限，拜年者大抵無法搭乘人力車。無論男女老幼，幾乎都是徒步。即便當時人口不如今日這般多，但凡是住在東京的人，每家都必須出動一人，多者更是一回出動四、五人，街上行人的擁擠可想而知。連平日人跡稀少的屋敷町那種地區，初春時也可見成群結隊絡繹不絕的拜年者。這是一種奇觀，也是春景之一。

作者送給各位讀者的「喵」牛卡片

甲午戰爭是明治二十七、八年，二十八年正月因處於戰時，基於顧慮，有人以賀年片代替親自拜年。這些人開了先例，賀年明信片才逐漸普及。明治三十三年（一九〇〇）十月，私製圖畫明信片開禁，賀年明信片可各自加上種種匠心設計，這也有助於賀年片流行，於是以郵件代替親自拜年的事也就不足為奇。明治三十七、八年的日俄戰爭以後，賀年片更是激增，松之內的各家郵局都忙著整理賀年片，導致無法兼理其他郵務，為了避免郵件混亂，明治三十九年末開始，賀年片才成為特殊郵務。那以後，賀年片逐年增加。與其成正比，拜年者也逐年減少。但至明治末年為止，還保留往昔面影，新年街上可以看到相當多的拜年者，大正時代以後急劇減少，每逢年末，郵局內的賀年片也就堆積如山了。

電車剛開通時，每逢新年，所有電車均座無虛席，女人小孩甚至很難搭得上，近年來連元月初二的電車也罕見客滿。另外，從各劇場自元日當天即開幕一事看來，也可想見拜年者顯著減少。前面也說過，男人出門拜年，女人則在家接待前來拜年的人，內外都忙，元旦當天根本沒時間到劇場看戲，大劇場通常在初七以後才開幕，這是明治時代的慣例。而近年來於元日當天開幕的劇場都客滿，難怪新年時市內會很寂寥。

給忙碌世人帶來極大方便的正是賀年片。與之同時，令人感覺人生像失落了什麼的，大概也是賀年片吧。」

岡本綺堂生於明治五年（一八七二），歿於昭和十四年（一九三九），他認為賀年片代替了親自拜年的習俗，給人一種失落感。但對二十一世紀的日本人來說，元日當天若沒收到任何一張賀年片，會令人感覺遭地球拋棄了一般。

日本郵局與書店、超商在十一月便開始販賣賀年片，會用電腦的人也可以自己製作獨一無二的賀年片。郵局呼籲大家要在二十五日前寄出，如此收件人才能在元日收到郵戳是一月一日的賀年片。

企業之間的賀年片通常大量印刷，但個人交情的賀年片可以保存下來成為自己的人生史（或家庭史）交友紀錄。據說很多日本男性在退休後，因收到的賀年片數量驟減，會有一種已非現役社會成員的失落感。

眼下的現代人慣用手機簡訊或電子信，所以寄送賀年片的數量也在逐年減少，例如一九九八年全國統計是三十七億張，二〇〇四年降至三十二億張，二

○○八年更減到二十九億六百萬張。但根據調查，有八成日本國民還是喜歡在新年期間收到手寫紙製賀年片。

日本的賀年片都有彩券號碼，此制度於一九四九年實施。依我長年來的經驗，只要收到二、三十張，至少有一張會中到末獎的一聯郵票。

此外，如果過去一年中有親人過世，必須提早寄出「喪中欠礼」（もちゅうけつれい／Mochu-ketsurei）明信片，告知對方今年因家中遭逢不幸，無法寄出賀年片之由，如此一來，對方在該年也不會寄賀年片給你。

作者送給各位讀者的「汪」牛卡片

忘年會——ぼうねんかい／Bo-nenkai（十二月下旬）

「忘年會」與新年過後的「新年會」（しんねんかい／Shinnenkai）是日本「居酒屋」（いざかや／Izakaya）行業最賺錢的時期。往昔我在NTT上班時，最怕的正是加班日和忘年會、新年會。

碰到必須加班的日子，只能打電話回家吩咐大兒子用微波爐熱冰箱內的剩菜給弟弟吃。這是件無奈的事，無論家裡有沒有小孩，大家都要加班，不能以單親家庭為由而拒絕。但碰到忘年會、新年會時，想到家裡有兩個小學生在等我回家做飯，真是坐立不安，哪有心情跟同事喝酒兼打情罵俏？

不過，說實話，這種組織或機構舉辦的宴會很好玩，每個員工都要上台表演節目，而且酒一下肚，可以瞧見每位同事平日深藏不露的另一面。

居酒屋的歐吉桑

煤払い——すすはらい／Susuharai（十二月二十七日前後）

「煤払い」是比較古雅的用詞，意思是撣拂塵垢蛛網、煤煙，用口語來說就是年末「大掃除」（おおそうじ／Ohso-ji）。但是，同樣是大掃除，「煤払い」用在俳句季語是屬於冬季十二月，「大掃除」則是春季三月。理由是學校在四月開學，通常在三月末舉行全校大掃除，而「煤払い」指的是年末大掃除，算是傳統用詞，所以即便平日不作俳句的人也懂得這兩個詞之區別。

只是，現代主婦已經不來這套了，因為現代的清掃用具五花八門，除非平日真的很懶，屋內積滿塵埃，否則不必在忙得焦頭爛額的十二月進行大掃除。我都選在五月黃金週進行，那麼一些打算丟棄的家具或書架、自行車、家電等，可以直接開車搬運至清掃中心。

如果選在年末，不但要向市政府清掃隊預約搬運日期，還要按類別繳費，例如一台自行車要六百日圓，微波爐要三百日圓（每個縣市收費都不同）。當然自己開車送到清掃中心也要看廢棄物類別而繳費，但清掃中心除了年底年初和週末週日休假，平日或國定假日都不必預約，可以隨時在指定時間內搬運廢棄物進去，對我來說，黃金週進行大掃除最方便。

年末大掃除

大晦日——おおみそか／Ohmisoka（十二月三十一日）

根據《説文解字》：「**晦，月盡也。**」晦日，即陰曆每月的最後一天，表示「月終，陰之盡」。十五日滿月，但晦日無月，因此才有「**晦日用兵，兵法所忌**」這句話。反之，陰曆每月初一是「朔日」（さくじつ／Sakujitsu）。

「晦日」（みそか／Misoka）原本指每個月最後一天，前面加個「大」字，意味一年最後一個月的最後一天，也正是中文的「除夕日」，除夕晚上稱為「除夜」（じょや／Joya）。

這天當然是全家人聚在一起吃團圓飯的日子，中國人習慣在年飯後發壓歲錢，日本人是元旦吃完「御節料理」之後才發壓歲錢。除夕晚餐則隨意，有人吃火鍋，有人乾脆全家人到飯店吃大餐。只是，十二點之前要回家吃「年越し蕎麦」（としこしそば／Toshikoshisoba），亦即過年蕎麥麵，祈願新的一年可以像蕎麥麵那般健健康康過得又細又長。此外，日本人也有吃年魚的習慣，大致説來，關東人吃鮭魚，關西人吃鰤魚。

左頁圖｜除夜鐘

以前我家都是除夕晚飯後，母子三人圍坐「炬燵」（コタツ／Kotatsu，暖桌）觀看NHK的「紅白歌合戦」（こうはくうたがっせん／Ko-haku Utagassen）。節目結束，緊接著就是現場轉播全國各地的「除夜の鐘」（じょやのかね／Joya no kane），聽完莊嚴的一〇八次鐘聲後才各自去睡覺。

但近幾年則會於事前挑選參加紅白歌合戰的歌手，先算好時間，輪到自己喜歡的歌手出場時才轉台至NHK，其他時間就隨便看，隨便轉台。反正我在十二點前必須下廚準備做過年蕎麥麵，兒子愛看哪台就哪台。

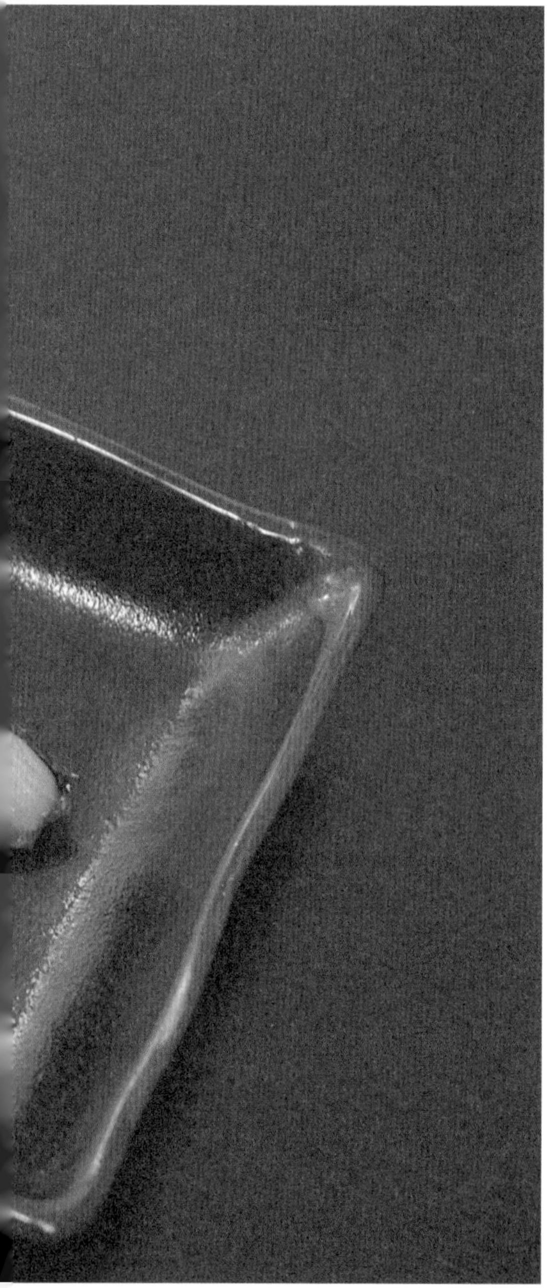

年魚，關東人吃鮭魚

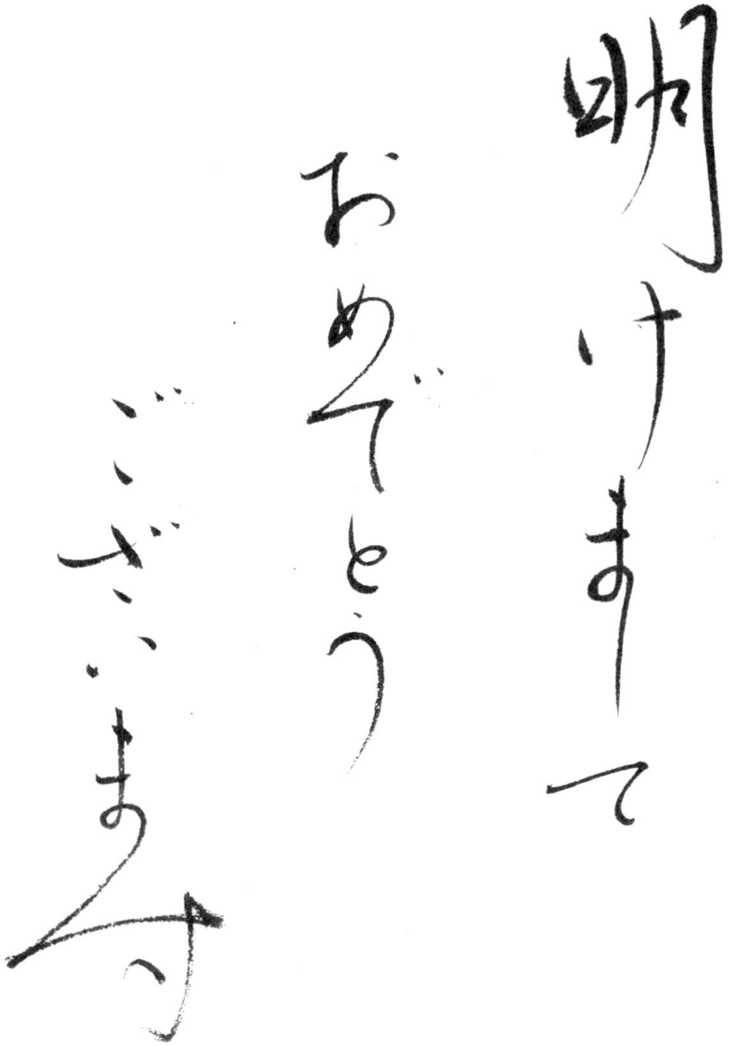

右頁圖｜恭賀新年

左頁圖｜年越蕎麥麵

提到「紅白歌合戰」，倘若按照我前面說的紅色代表男人，那麼紅組應該是男生隊，白組是女生隊才是傳統做法。只是這節目是戰後才開始，而且起初是廣播電台節目，何況在戶籍上性別是男性的美川憲一曾參與紅組，而戶籍上性別和日常生活都是女性的和田Akiko也曾參與白組，所以我們就不必去雞蛋裡挑骨頭，湊合著看熱鬧就行了。

台灣或中國內地常見的放「爆竹」（ばくちく／Bakuchiku）光景，在日本很罕見，要是我在院子放爆竹，包準會驚動左鄰右舍紛紛出來問到底發生了什麼事，搞不好還會因煙霧問題而招來一陣嗚嗚作響的消防車騷動。

新年初始，祝各位看官新年快樂，健健康康，平平安安，福到財到。年飯多吃一點，紅包多拿一點，偶爾多想我一點。

あけましておめでとうございます／Akemashite Omedeto- gozaimasu
（恭賀新年。）

今年もよろしくお願い申しあげます／Kotoshi mo yoroshiku onegai mo-shiagemasu
（今年也請多多指教。）

換成年輕人手機簡訊的道賀，便簡略為：

あけおめ ことよろ／Akeome Kotoyoro
（翻成中文應該是「賀年，今年關照」，但這種簡略詞只能用在交情較好的平輩或晚輩之間，絕對不能寄給長輩或上司。）

迎春

一月

いちがつ／Ichigatsu

正月——しょうがつ／Sho-gatsu（一月一日～七日）

不用我說明，正月就是新年，一般口語都說成「お正月」（おしょうがつ／O sho-gatsu）。一月一日是「元日」（がんじつ／Ganjitsu），元日早朝稱為「元旦」（がんたん／Gantan）。

一四四六年成書的日本百科辭典《壒囊鈔》（あいのうしょう／Aino-sho-，總計十五卷）記載，古代中國皇帝均於一年第一個月接受文武百官朝拜，並決定一年的政事，故陰曆一月古時叫「政月」。到了秦朝，因為秦始皇是一月出生，取名「嬴政」，之後便把「政月」改為「正月」。

初三為止是「三が日」（さんがにち／Sanganichi），「役所」（やくしょ／Yakusho，縣、市、町政府）之類的「官公署」（かんこうしょ／Kanko-sho，行政機關）通常自十二月二十九日放假至初三，因此必須到行政機關辦事的人要趕在二十八日前辦完。但是，出生、死亡、結婚、離婚登記是例外，一年三百六十五天二十四小時都有人值班代理。

左頁圖｜門松、葉牡丹

七日為止是「松の内」（まつのうち／Matsunouchi），意思是一月七日那天要卸下所有新年裝飾。新年裝飾在十二月二十日至二十八日之間就要完成，萬一沒時間，也得在三十日全部搞定。二十九日的「九」（く／Ku）跟「苦」同音，不能在這天裝飾；而三十一日那天算是「一夜飾り」（いちやかざり／Ichiyakazari），也就是臨時抱佛腳，表示你缺乏誠意迎接新年，均不適合。

新年要裝飾什麼呢？那可多了。首先大門前要裝飾一對「門松」（かどまつ／Kadomatsu），主角是竹子、松葉，竹子表示長壽，常綠松葉可以讓「年神」（としがみ／Toshigami）附體；配角是兩株紅白「葉牡丹」（ハボタン／Habotan，羽衣甘藍）以及增加喜氣的梅花、南天竹。正面看上去，左側是「雄松」（おまつ／Omatsu），右側是「雌松」（めまつ／Mematsu）。

正式的門松很大，價格也比較昂貴，必須請專家設置，通常只有行政機關、郵局、商店、企業、神社、寺廟等才看得到。不過超市有賣各式各樣的迷你型門松，是提供給一般家庭用的。最簡略的門松是「松竹梅」（しょうちくばい／Sho-chikubai）。「松竹梅」在日本是福壽代表，源自中國古詩的「歲寒三友」（さいかんさんゆう／Saikan Sanyu-）。松，經冬不凋，象徵剛正節操；竹，篩風弄月，高雅瀟洒；梅，迎寒而開，一身傲骨。「花中四君子」則指梅、蘭、竹、菊。

左頁圖｜門松

曾到日本旅遊的人，或許會發現無論壽司或烤鱔魚蓋飯甚至套餐，日本飲食業通常將最高級、高級、普通餐點等級以松、竹、梅代用。其實松、竹、梅本來沒有等級之分，是凡事注重體面的江戶人基於叫飯時若大聲呼喚「特上」（とくじょう／Tokujo-，最高級）、「上」（じょう／Jo-，高級）、「並」（なみ／Nami，普通），會馬上讓人看穿你的荷包到底有幾兩，因此才以松、竹、梅代稱。

另一種說法是「松」（まつ／Matsu）代表爸爸，「竹」（たけ／Take）代表媽媽，「梅」（うめ／Ume）代表孩子。爸爸吃最高級的，媽媽吃二等的，小朋友靠父母養，不能太囂張，吃最便宜的就好。

但是，日本某些高級料亭會故意調整順序，變成梅、竹、松，聽說主要用在公款飯局。也就是說，在不用花太多錢的客戶面前叫「松」級套餐，客戶會以為自己是貴賓而暗自高興；對真正要花錢的重要客戶則叫「梅」級套餐，再向客戶說明此家料亭最高級的才是「梅」，客戶一樣會開心。如此，接待人員便能左右逢源，兩頭做大。我倒是很好奇，這種料亭的「竹」，對象到底是哪類客戶？

左頁圖｜門松、南天竹

笑門

接下來是「注連繩」（しめなわ／Shimenawa），就是在草繩綁上白色「紙垂」（しで／Shide）那種，掛在玄關門口，表示一種「結界」（けっかい／Kekkai），禁止一切災禍進門，跟西方諸國的聖誕節月桂花環類似。新年的「注連繩」稱為「注連飾」（しめかざり／Shimekazari），每逢年底，沿街商店或超市都有賣，五花八門，隨便你選。

「注連繩」源自日本神話，據說天照大神（あまてらすおおみかみ／Amaterasu Ohmikami，女神，天皇家祖先神）躲進「天岩戸」（あまのいわと／Amanoiwato，洞窟），世界變成一片黑暗，八百萬眾神費盡心思在洞窟前跳裸舞，才引出天照大神，之後在洞窟圍上繩索，不讓天照大神再度躲進。朝鮮半島中南部也有類似的「禁繩」（クムジュル／Kumujuru）風俗。

至於中國，南朝梁代宗懍（四九九～五六三）撰寫的《荊楚歲時記》雖是記載荊楚歲時習俗的著作，卻也是中國保存至今的最早一部古代歲時節令專著。書中記載：**「正月一日是三元之日，畫雞戶上，懸葦索於其上，插桃符其旁，百鬼畏之。」**

右頁、左頁圖｜注連繩

畫雞指的是剪紙雞，晉人董勛《問禮俗》曰：「正月一日為雞，二日為狗，三日為羊，四日為豬，五日為牛，六日為馬，七日為人。正旦畫雞於門。」而「雞」又與「吉」同音。「桃符」是今日的中國春聯，「葦索」正是用葦草編成的繩索。

《荊楚歲時記》在奈良時代（ならじだい／Narajidai，七一〇~七八四）傳進日本，而記載日本神話的《古事記》（こじき／Kojiki）於七一二年完成，這麼看來，日本的「注連繩」風俗在《荊楚歲時記》傳進日本之前便存在了。全日本規模最大的是島根縣（しまねけん／Shimaneken）出雲大社（いずもたいしゃ／Izumotaisha）神樂殿（かぐらでん／Kaguraden）的「注連繩」，長十三公尺，圓周九公尺，重五噸。

不過，一千數百年後的今日，許多本尊中國早已失傳的歲時風俗，日本和韓國都保存了下來。歷經如此悠久歲月，日本和韓國均不可能原滋原味地照本宣科，但多少可以尋出古代中國歲時風俗的原始模式。

島根縣出雲大社的注連繩，全日本規模最大，長十三公尺，圓周九公尺，重五噸

門口掛上「注連繩」後，玄關進門鞋櫃或架上可以擱置用紅白紙包裹的木炭，因黑色避邪，「炭」（すみ／Shumi）發音與「住」一樣，可祈願永住。

屋內裝飾的是「鏡餅」（かがみもち／Kagamimochi），本來應該擺在「床の間」（とこのま／Tokonoma），只是都市區公寓族家庭大多沒有這類奢侈空間，通常擺在客廳顯眼處。

鏡餅是整套的，下方是「三方」（さんぼう、さんぽう／Sanbo-、Sanpo-），即供神祇用的高架方木盒，此方木盒前方和左右各開個圓洞，因而稱為「三方」。方木盒上擱一張和紙，再墊「昆布」（コンブ／Konbu）、「裏白」（うらじろ／Urajiro）。

昆布發音跟「喜ぶ、悦ぶ」（よろこぶ／Yorokobu，喜悅）相似，祈願今年有喜事來臨之意；「裏白」則是表綠內白的羊齒植物，裝飾時以白色那面呈上，意味沒有表裡的純潔心靈，也有能活到白髮蒼蒼之意。

右頁圖｜鏡餅

昆布和羊齒上再擱一大一小的圓「餅」（もち／Mochi，年糕、麻糬），圓形意味鏡子和心臟（靈魂），一大一小表示日（陽）、月（陰），這個「餅」可以讓稻神附體，通常用在喜事時。圓餅上再裝飾「海老」（えび／Ebi，蝦）、「橙」（だいだい／Daidai，酸橙）、「熨斗鮑」或「干し柿」（ほしがき／Hoshigaki，柿餅）。

蝦，因其彎曲，表示可以長壽到彎腰駝背；橙，因果實長久不落，發音跟「代代」相同，意味可以代代榮華；柿餅則因柿子是長壽之木，關西地區的習俗是把十個小柿餅串成一串擱在圓餅上，關東地區是扁平乾鮑。「熨斗鮑」就是古代用火炭熨斗把削平的鮑魚拉長再曬乾的乾鮑，贈品之意，也有延壽之意。

現代人都在超市買迷你型鏡餅回來裝飾，尺寸很小，可以擱在電視或書桌、書架、飯桌上，女孩子就擱在化妝台上。而且有小叮噹鏡餅、Hello Kitty鏡餅，十二月末到日本旅遊的人，不妨逛一下超市、便利商店或百貨公司，買個小鏡餅回國當紀念品也不錯。

左頁圖｜ 鏡餅

壽

御節料理——おせちりょうり／Osechi Ryo-ri（一月一日）

「御節料理」是正月料理，簡稱「御節」（おせち／Osechi）。本來是在節日供奉神祇的「神饌」（しんせん／Shinsen），現在變成元旦料理專用名詞。目的在於讓女人休息到初三都不用下廚，所以日本元旦料理均是保鮮日期比較長的調理法，換句話說，即便家中沒有冰箱，也可以放三天左右。

正式的「御節料理」必須盛在四方形的「重箱」（じゅうばこ／Ju-bako），總計四層，也就是四個漆器盒子重疊成一個大型便當盒。這種「重箱」用途很廣，賞花、學校運動會、郊遊等，通常都用「重箱」當作飯盒，可以裝多人份食品。又因為是隔開的，也能避免主食和菜餚、水果混在一起。

最上層的盒子稱為「一の重」（いちのじゅう／Ichinoju-），依次是「二の重」（にのじゅう／Ninoju-）、「三の重」（さんのじゅう／Sannoju-）、「与の重」（よのじゅう／Yonoju-）。

左頁圖｜一般家庭的三重御節料理

第四層的「四」（し／Shi）與「死」（し／Shi）同音，因此改稱為「与」（よ／Yo），「四」的另一個發音正是「よ／Yo」。不過現代大多是核心家庭，三層較普遍。傳統式的另有「五の重」（ごのじゅう／Gonoju-），是空盒，表示將來還有餘地添加財富、幸福。

「一の重」絕對要盛「三つ肴」（みつざかな／Mitsuzakana），關東地區是「黑豆」（くろまめ／Kuromame）、「数の子」（かずのこ／Kazunoko）、「田作」（たづくり／Tadukuri）；關西地區是「数の子」、「黑豆」、「たたき牛蒡」（たたきゴボウ／Tataki gobo-）。

黑豆表示能勤勞工作，因為「豆」（まめ／Mame）和「忠實」（まめ／Mame）同音，加上黑色能避邪。有些地區會在黑豆中加中國原產的「チョロギ」（Chorogi，學名：Stachys sieboldii Miq，中文是草石蠶），江戶時代傳進日本，當時江戶人音譯成「朝露蔥」或「長老貴」、「千代老木」，因形狀類似裝稻米的草包，所以是元旦吉祥物之一。

鯡魚卵，紅白甜醋蘿蔔絲

「数の子」是醃漬鯡魚卵，而鯡魚別名「春告魚」（はるつげうお／Harutsugeuo），是比春天更早來臨的春使者，意味子孫滿堂。「田作」是把小魚乾煮成甜醬油味又有點辣的儲存食品，表示豐收，這是往昔把小魚乾當肥料撒在稻田的習俗。某些地區稱「田作」為「五万米」（ごまめ／Gomame），據說往昔天皇家財政匱乏之時，沒錢買帶魚頭的整尾大魚，只好用廉價的小沙丁魚代替，之後民間也模仿天皇家，把小魚列為喜膳之一。關西地區的「たたき牛蒡」是用擂槌把牛蒡拍扁，再拌成芝麻醋味，意味細水長流。

黑豆、田作、昆布卷

其他是「紅白かまぼこ」（こうはくかまぼこ／Ko-haku kamaboko，紅白魚板，表示日出、新的開始）、「伊達巻」（だてまき／Datemaki，用雞蛋和魚肉泥、蝦泥煎成，表示和睦）、「栗金團」（くりきんとん／Kurikinton，甜栗子，表示黃金）、「昆布巻き」（こんぶまき／Konbumaki，用昆布卷魚煮成醬油甜味，包裹幸福之意）。大致是這七種。總之，每個盒子盛的料理種類數是奇數，因為日本人視奇數為吉數。

「二の重」裝的是醋拌涼菜：「紅白なます」（こうはくなます／Ko-haku namashu，用紅蘿蔔絲、白蘿蔔絲拌成酸甜味道，紅白在日本向來意味喜事）、「醋レンコン」（すれんこん／Shurenkon，醋藕，藕有洞，表示可以看透前景），以及其他醋涼拌菜。

「三の重」是海味，烤蝦、烤魚那類；「与の重」則是山珍，紅燒芋頭、紅燒竹筍、紅燒香菇那類。

記得往昔與已故前任婆婆同居時，上述那些「御節料理」都要親手做，而且必須趕在三十一日前做完。元日當天，所有兒孫都會聚集來拜年，那時就擺出這些「御節料理」待客，而我這個小媳婦光是應付那些拜年客就忙得暈頭轉向，根本沒時間去享受那些料理。

御節料理一の重內的三肴，黑豆、鯡魚卵、田作

現代都市人的御節料理都用訂的，超市、百貨公司、餐廳，甚至連東京著名料亭也可以訂貨。只是價格不便宜，起價通常在二萬日圓以上，量也不多，大概只足夠一家四口吃一餐。反正是一種慶賀料理，現代家庭沒人會真的連吃三天了。

屠蘇——とそ／Toso（一月一日）

「屠蘇」一般稱為「おとそ／Otoso」，也就是元旦喝的屠蘇酒，以屠蘇、山椒、白朮、桔梗、防風、肉桂等藥草調製而成的酒，可避邪、除瘟疫，這是傳自古代中國的習俗。南朝・梁・宗懍《荊楚歲時記・正月》：「於是長幼悉正衣冠，以次拜賀，進椒柏酒，飲桃湯，進屠蘇酒。」

《荊楚歲時記》成書於西元六世紀，而將此風俗傳進日本的是八一一年以唐使身分訪日的蘇明（蘇昭）（蘇吸）。起初是宮中儀式，後來廣傳民間。現代日本也有賣屠蘇粉。

喝屠蘇酒時，有喜事專用的「屠蘇器」（とそき／Tosoki，漆器）。雖然大部分現代人均以日本酒代替屠蘇酒，但仍慣稱元旦喝的酒為「御屠蘇」（おとそ／Otoso）。日本人大概只有元旦和賞花時期、婚禮時可以光明正大在白天喝酒，否則白天喝酒在日本會惹人嫌。

左頁圖｜屠蘇器

柳箸

元旦用的筷子也跟平日不一樣，超市或百圓商店都有賣元旦專用筷子，稱為「柳箸」（やなぎばし／Yanagibashi）。這是深恐新年第一天不小心把筷子折斷不吉利，所以用柳製筷子。且通常包裝成紅、白兩色。此外，「柳」（やなぎ／Yanagi）跟「家內喜」同音，也算圖個吉利，而且「柳箸」頭尾都是尖的，表示一端給人用，另一端給神祇用。聽說京都人在十五日之前都用「柳箸」。

筷子的日文是「箸」（はし／Hashi），一般口語都會在前頭加個「御」（お／O），稱為「おはし／Ohashi」。與中國筷子比起，日本筷子較為嬌小，而且是尖筷，用法是在一雙筷子之間夾一根手指靈活運用。要看某人會不會用筷子，只要看對方會不會吃魚便知道。日本人吃烤魚時，吃了上方那側，不能翻轉魚再吃下方那側，而是以筷子剔出魚骨，接著吃下方那側。

此外，日本家庭的「茶碗」（ちゃわん／Chawan，茶杯、飯碗）、筷子，均是「属人器」（ぞくじんき／Zokujinki），也就是各人有各人專用的碗、筷、茶杯。到日本人家做客時，主人為了招待客人，通常會讓客人用衛生筷，但自家人吃飯時，由於都用自己專屬碗筷，所以各自的碗筷花色都不同。

根據我的經驗，大部分家庭在孩子成長至會用筷子時便有自己專屬碗筷。小時候都是媽媽幫他們挑選，上了幼稚園，孩子會自己挑選自己中意的碗筷和茶杯。我家兩個兒子目前都已離家自力生活，家中早就沒有他們的專屬碗筷，每逢過年過節回家小住幾天時，我也是讓他們用客人專用的碗和衛生筷。

筷子的禁忌是不能用筷子插在米飯上，理由跟中國人相同，這是拜祭祖靈時的方式。另有個千萬不能犯的禁忌是彼此用筷子交換菜餚，也就是說，不能用筷子直接接受對方夾的菜餚，因為日本人在故人火葬後，親人夾骨灰時是兩人用一雙「骨箸」（コツバシ／Kotsubashi）同時夾一塊遺骨放入「骨壺」（こつつぼ／Kotsutsubo，骨灰罐）內。另外，由於日本人沒有為客人夾菜的習慣，中國人那種為表熱忱招待夾菜到客人碗內的行為，會被視為不衛生，少做為妙。

其他還有很多禁忌，在此簡單舉幾個例子：

- **「握り箸」**（にぎりばし／Nigiribashi），用手指握筷子，這是表示攻擊，因為筷子可以當武器。

左頁圖｜柳箸

- 「**突き箸**」（つきばし／Tsukibashi），用筷子插芋頭之類的菜餚，這動作跟料理人在查看芋頭有沒有煮熟時的動作相同，客人這樣做，等於懷疑料理人的手藝，對料理人來說是一種失禮行為。
- 「**叩き箸**」（たたきばし／Tatakibashi），此禁忌跟中國人一樣，不能用筷子敲打碗盤。
- 「**指し箸**」（さしばし／Sashibashi），用筷子指著人或物。
- 「**迷い箸**」（まよいばし／Mayoibashi），不知道該吃那種菜餚，用筷子在盤子上移來移去的行為。
- 「**移り箸**」（うつりばし／Utsuribashi），表示本來想夾某盤子內的菜餚，臨時又移至另一盤的動作。
- 「**舐り箸**」（なめりばし／Nameribashi），用舌頭舔筷子。
- 「**直箸**」（じかばし／Jikabashi），指吃中國菜時直接用自己的筷子往大盤子內夾菜的行為，應該用另一雙公筷。
- 「**渡し箸**」（わたしばし／Watashibashi），吃飯途中休息時把筷子擱在碗盤上的動作。日本人用筷子時通常另有一個專門擱筷子的「箸置き」（はしおき／Hashioki），倘若沒有，就直接擱在桌子或「食膳」（しょくぜん／Shokuzen，托盤）上。

總的說來，日本人用筷子的禁忌比中國人多，喝湯汁時也用筷子，沒有用湯匙或調羹的習慣。日本料理的湯汁通常有一片香橙或山椒葉當裝飾，用筷子可以避免喝湯時一起喝下這類裝飾。

日本一般筷子，尖筷

雜煮——ぞうに／No-ni（一月一日）

「雜煮」是元旦吃的湯汁料理，起源於十五世紀，當時醬油還不普及，庶民吃的都是味噌湯味，裡面有麻糬。現代大致分為關東風味、關西風味。關東風味是長方形烤麻糬加雞肉、蝦、魚板、青菜，煮成柴魚醬油湯味；關西風味是圓麻糬加芋頭、烤豆腐、蘿蔔，煮成味噌湯味。

這道元旦湯汁可以說是地方色彩非常濃厚的鄉土料理，各地味道都不同，即使同樣是關東人，各個家庭的味道也不一樣，算是母親的味道。一般日本男人終生都忘不了的家庭菜，大概正是每天喝的「味噌汁」（みそしる／Misoshiru）和元旦的「雜煮」。

左頁圖｜關西風味雜煮

江戸風味雑煮

男人於婚後，無論女方烹調功夫有多高，通常會為了這兩道湯汁味道而口角一番。味噌汁算是最基本也是最自由的日本家庭菜之一，只要把湯頭做好，要加什麼料以及加白味噌、赤味噌或白赤味噌混合都無所謂。再說即便是白、赤味噌，種類也多到無以數計，因此日本家庭甚或餐廳的味噌汁，每家味道都不一樣。甚至連自家的味噌汁也會基於做飯人當天的心情而有變化。

換句話說，味噌汁做法雖然非常簡單，卻千變萬化，極為奧妙，沒有所謂的經典。有時候連我自己無意中做出一道感覺是天下第一的味噌汁時，第二天我就做不出來。因為我根本忘了當時到底是怎麼混合白赤味噌的。不是說忘了，而是在混合白赤味噌時，通常很隨便，心血來潮地這邊一湯匙、那邊三湯匙地攪拌，當然也就沒有料理書或料理電視節目中那種「白味噌×湯匙，赤味噌×湯匙」的教條。

我覺得所謂「娘家味」正是這種隨意做法。只是，就算是隨意，還是有個人堅持或個人口味，否則不會令每個人到了某個年齡時，總會懷念起「娘家味」，也總會想吃那些料理……遺憾的是，人到了想吃娘家料理時，通常也表示那人早已離巢，處於有錢也吃不到的立場。

在此說的「娘家味」，指的並非母親親手做的料理，而是自孩提時代直至身心都很敏感的青春時代為止經常吃的料理。

話又說回來，縱使夫妻倆在新婚期可能為了這兩道湯汁而發生口角，但只要結婚時期一久，掌廚人會漸漸混合雙方的家庭口味，再度發明出自家的獨特味道，成為孩子永難忘的「おふくろの味」（おふくろのあじ／Ofukuronoaji，娘家味）。

蜆味噌汁

初日の出——はつひので／Hatsuhinode（一月一日）

往昔的日本人相信「年神」（としがみ／Toshigami）會隨元旦日出顯靈，因此現代仍有很多人習慣在元旦黎明到海岸、山頂、展望台觀看新年第一次日出。山頂日出稱為「御来光」（ごらいこう／Goraiko-）。

此習慣是明治時代以後才興起，之前都跟宮中新年儀式的「四方拜」（しほうはい／Shiho-hai）一樣，由一家之主對著東南西北四方合掌禮拜迎接「年神」。

新年日出的御來光

初詣——はつもうで／Hatsumo-de（一月一日）

「初詣」又稱「初参り」（はつまいり／Hatsumairi）。元日早朝吃了「御節料理」、「雜煮」，喝了屠蘇酒，小朋友領了「壓歲錢」，全家人便可以換穿衣服出門去「初詣」。

現代日本年輕人喜歡湊熱鬧、趕流行（尤其是情侶），除夕那晚，電視上經常現場轉播東京明治神宮擠沙丁魚式參拜光景。外國人看了，會誤認為必須在除夕夜去參拜，其實根本沒那回事，只要在「松之內」時去參拜便行了。而且不用跑到遠方著名神社或寺院排長龍，最好到離家最近的神社參拜。俗話說「遠水救不了近火」，還是找距離最近的當地神祇比較實在。

左頁圖｜新年穿和服到神社參拜

參拜方式是先在「手水舍」（ちょうずや／Cho-zuyz，てみずや／Temizuya）洗手、漱口，再到正殿前丟「賽錢」（さいせん／Saisen，香錢）、搖鈴、二拜、二擊掌、一拜、祈願。寺院是合掌即可。

我每年都到我家附近的「北野天滿宮」（きたのてんまんぐう／Kitano Tenmangu-）參拜，神社規模不大，卻是埼玉縣指定文化財，歷史非常悠久，可以回溯至神代時代。主祭神是學問之神「菅原道真」（すがわら のみちざね／Sugawara no Michizane，八四五～九〇三）。

這座神社平日沒人看管，但新年期間會有「宮司」（ぐうじ、みやづかさ／Gu-ji, Miyadukasa，神官職稱）或「禰宜」（ねぎ／Negi，神官職稱）出來賣「縁起物」（えんぎもの／Engimono，吉祥物）。每逢新年，平日只能停二十輛左右的停車場老是爆滿，參拜者一直排到「参道」（さんどう／Sando-）盡頭「鳥居」（とりい／Torii）前的石階下。石階外就是馬路，可參拜者仍規規矩矩地排在馬路一側。

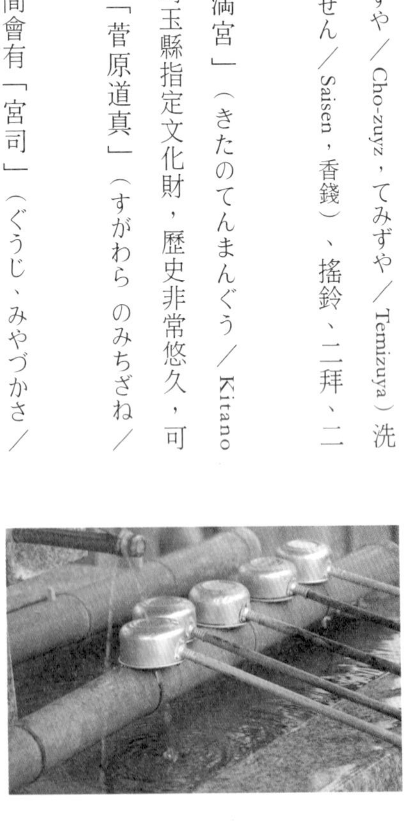

右頁圖｜神社前的手水舍

左頁圖｜作者家附近的北野天滿宮

我不喜歡湊熱鬧，向來都在五日或六日才前往神社參拜。由於騎自行車便可抵達，每次出書時，我也會到神社去祈個小願。這種平日沒人參拜的當地小神社，有一種特異氛圍，鳥居石階下的馬路明明不時有汽車或卡車呼嘯而過，但只要一跨進鳥居，就彷彿跨進另一個與世無爭的世界，五根清淨，心神俱爽，所有煩惱皆消失。

至於二〇〇八年神社「初詣」參拜者數排行榜則如下：

・第一名：**明治神宮**（めいじじんぐう／Meiji Jingu-，東京都涉谷區，三一二萬人）
・第二名：**成田山新勝寺**（なりたさんしんしょうじ／Naritasan Shinjo-ji，千葉縣成田市，二九〇萬人）
・第三名：**川崎大師平間寺**（かわさきだいしへいけんじ／Kawasaki daishi Heikenji，神奈川縣川崎市，二八七萬人）
・第四名：**伏見稲荷大社**（ふしみいなりたいしゃ／Fushimi inari Taisha，京都府京都市，二六九萬人）
・第五名：**熱田神宮**（あつたじんぐう／Atsuta Jingu-，愛知縣名古屋市，二三五萬人）

・第六名：**鶴岡八幡宮**（つるがおかはちまんぐう／Tsurugaoka Hachimangu-，神奈川縣鎌倉市，二三四萬人）
・第七名：**住吉大社**（すみよしたいしゃ／Sumiyoshi Taisha，大阪府大阪市，二三一萬人）
・第八名：**金龍山淺草寺**（きんりゅうざんせんそうじ／Kinryuzan Senso-ji，東京都台東區，二一六萬人）
・第九名：**太宰府天滿宮**（だざいふてんまんぐう／Dazaifu Tenmangu-，福岡縣太宰府市，二〇一萬人）
・第十名：**大宮冰川神社**（おおみやひかわじんじゃ／Ohmiya Hikawa Jinja，埼玉縣埼玉市，二〇〇萬人）

光是以上十處就聚集了將近二千五百萬人，全國統計大致有九千五百萬人。可見無論什麼宗教，對日本人來說，「初詣」是非常重要的一項例行儀式。

至於壓歲錢，長輩發給晚輩的壓歲錢稱「お年玉」（おとしだま／Otoshidama），但晚輩送給長輩（例如給年邁的祖父母）的壓歲錢則稱為「お年賀」（おねんが／Onenga）。

右頁圖右｜京都伏見稲荷大社
右頁圖左｜金龍山淺草寺

おとしだま

裝壓歲錢的小紙袋叫「お年玉袋」（おとしだまぶくろ／Otoshidamabukuro），另一個稱呼是「ポチ袋」（ポチぶくろ／Pochibukuro），「ポチ」（Pochi）是「小小」的意思，表示「只是一點心意」的謙遜形容。

在日本，該不該發壓歲錢給孩子，完全看父母雙方的地位關係，例如部下到上司家（或學生到老師家）拜年，部下不用發壓歲錢給上司的孩子，因為壓歲錢基本上是長輩、上司發給晚輩、部下的。發壓歲錢時，萬一沒準備壓歲錢紙包，那就用面紙、紙巾代替，不能直接遞紙幣給對方。紙幣要折成三折，不能折成與「死」同音的四折，而且肖像要往內折，讓領壓歲錢的人打開時可以看到肖像。

右頁圖｜年玉袋，壓歲錢袋

書き初め——かきぞめ／Kakizome（一月二日）

新年第一次用毛筆寫字或繪畫的例行儀式，此習俗自江戶時代便有了。江戶時代的大人在這天出門拜年，小孩子則到「寺子屋」（てらこや／Terakoya，私塾）參加「書き初め」（かきぞめ／Kakizome）活動。家中有小孩的現代日本家庭，大人都會在初二這天監督孩子寫書法，這也是小朋友的寒假作業之一。

文房四寶

江戶時代的「書き初め」，全體學生會聚集在私塾寫書法，寫完後，每張毛筆字作品都掛在私塾內展出。之後，大家一起玩抽獎、和歌紙牌遊戲，再一起吃蕎麥麵等年飯，最後捧著老師發給的橘子及糖果回家。這天，私塾老師會花一筆數目不小的費用，所以大部分學生會帶二百文左右的謝禮來。武家子弟的私塾老師通常是「旗本」（はたもと／Hatamoto，將軍直屬家臣），因武家禮數比較嚴格，沒有抽獎之類的餘興節目，頂多帶白扇或白紙來而已。

當時的孩子只學平（片）假名、草書、行書三種。楷書是非實用字，相當於現代的隸書，日常生活不用楷書。想學楷書的人必須另外跟書法家學。書法家與私塾老師當然不同，可見楷書在當時是一種風雅嗜好。現代日本許多成年人不時興這玩意兒，但家中有孩子的家庭必定會讓孩子在初二寫毛筆字。開學後，孩子們還要在學校集體寫一次，老師會將學生寫的毛筆字貼在教室後方公告欄，此習慣倒是與江戶時代的私塾老師一樣。

往昔，我家兩個兒子還在上學時，每年初二，我都會陪孩子寫毛筆字。一來好玩，二來……因為兒子說我體內有一半漢人血統，毛筆字寫不好不像話。這真是個美麗的誤解，誰說凡是漢人都會寫一手漂亮的毛筆字啊？恐怕連漢人自己也不敢如此自誇吧。

全日本所有小、中、高校都會實施「書き初め」展覽大會，並有町、市、縣大會比賽。在縣大會比賽中得獎的作品可以參加全國大會。報社也會舉行「書き初め」大會，讓一般人報名參加，選出金、銀、銅、佳作等得獎作品。我家附近的郵局（市西部總局）也會在展覽室展出「書き初め」得獎作品。這家總局內的畫廊時常舉辦插花、繪畫、書法、雕刻、手藝品等市民文化作品展示會，也經常展示西部地區各小學的學生作品。

在日本，規模最大的應該是日本武道館於每年一月五日舉辦的「全日本書き初め大展覽會」（ぜんにほんかきぞめだいてんらんかい／Zennihon kakizome daitenrankai），聚集約四千名參賽者，同時就地競賽毛筆字。電視都會報導，二〇〇八年是第四十四回大會，此大會已經成為日本新年的「風物詩」（ふうぶつし／Fu-butsushi，景物）之一。

順便教各位看官一個專門用在一月二日的日文：「姬始め」（ひめはじめ／Himehajime）。光看漢字的話，「姬始」這個詞似乎很典雅。站在陰陽師或傳統禮法師的立場來解釋，確實很典雅，是女性新年第一次做針線活的日子，男性新年第一次騎馬的日子。

到了江戶時代，歌舞伎劇作家近松門左衛門（ちかまつもんざえもん／Chikamatsumon zaemon，一六五三～一七二五）與浮世本作家井原西鶴（いはらさいかく／Ihara saikaku，一六四二～一六九三），在作品中把「姬始」這個詞用在「男女新年第一次愛愛」行為上，這種用法令庶民樂不可支，便沿用至今。學日文的人千萬不要亂用，這算是閨房用詞，除非夫妻或情侶，否則小心女生給你白眼看。

初夢——はつゆめ／Hatsuyume（一月一日～一月二日）

顧名思義，「初夢」就是元日或初二做的夢，日本人認為可以占卜往後一年的吉凶。最吉利的「初夢」順序是「一富士、二鷹、三茄子」（いちふじ、にたか、さんなすび／Ichi Fuji, Ni Taka, San Nasubi）。

「富士」跟「無事」（ぶじ／Buji）諧音，另有出人頭地之意；「鷹」（たか／Taka）與「高い」（たかい／Takai）同音，意味開運或實現夢想；「茄子」（なすび／Nashubi）表示可以成事的「事を成す」（ことをなす／Koto wo nasu），另有蓄財和子孫滿堂之意。

這說法在四百年前的江戶時代初期便有了，富士山、鷹、茄子是靜岡縣（しずおかけん／Shizuokaken）名產，而開創江戶幕府的德川家康（とくがわいえやす／Tokugawa Ieyasu）是靜岡縣人，江戶庶民為了能跟統一天下的德川家康沾光，才創出這種俗說。

但現代日本人仍習慣用「一富士、二鷹、三茄子」來形容新年做的吉利夢。至於有沒有人真的夢到富士山、鷹、茄子，就不得而知。至少我從未在元日或初二做過這類吉祥「初夢」。

七草粥——ななくさがゆ／Nanakusagayu（一月七日）

日本新年第一個節日是「人日」（じんじつ／Jinjitsu）節，也就是吃七草粥的日子。這個「人日」是古代中國的節日，根據中國古代神話，據說盤古開天闢地時，女媧「以一日作雞，七日作人」。漢時東方朔《占書》亦云：「**歲後八日，一日雞，二日犬，三日豚，四日羊，五日牛，六日馬，七日人，八日穀。其月晴明，則所生之物育，陰則災。**」意思是七日占人，倘若這天是晴天，可以人丁旺盛；若是陰雨天，就會發生天災人禍。日本正是沿襲了這種說法。

而吃七草粥的習慣也是傳自古代中國，《荊楚歲時記》中就記載了「**正月初七為人日，以七種菜為羹**」，當時似乎稱為「七寶羹」。此習俗是八世紀奈良時代傳進日本，那時用米、粟、稗、蓑（稻草）、芝麻、紅豆、黍……等穀物熬成。

八世紀末開幕的平安時代與其後的鎌倉時代（かまくらじだい／Kamakurajidai）就已經開始用七草，不過當時似乎不是粥，而是跟古代中國南北朝一樣是羹。十四世紀的室町時代才又演變為目前的七草粥，直至二十一世紀的今日。無論朝廷或歷代幕府將軍、武家人都很重視此節日，可說是日本舉國共度的節日。

七草粥

陰曆正月是陽曆二月，正是春草突破凍土冒出頭頂的萌芽時期，古人為了分享這種大自然力量才摘取春草嫩芽回來煮粥。不過現代日本則演變為元旦吃了太多美食美酒，這天要讓胃休息，並有結束元旦熱鬧氣氛的意思，因此別名「松之內」，表示在元旦期間裝飾在大門外的門松要在今天收拾。

現代七草粥材料都是超市幫主婦準備齊全，不用特地到野地去找，而且這七草本來因地而異，均利用當地土產的春草嫩芽來做，目前大致統一為「芹」（セリ／Seri，水芹）、「薺」（ナズナ／Nazuna，別名ぺんぺん草／Penpengusa，薺菜）、「繁縷」（はこべら／Hakobera，繁縷）、「仏の

春七草

座」（ほとけのざ／Hotokenoza，寶蓋草）、「御形」（ごぎょう／Gogyo-，別名母子草／ハハコグサ／Hahakogusa，鼠麴草）、「蕪」（カブ／Kabu，蕪菁）、「すずしろ」（Shuzushiro，即大根／ダイコン／Daikon，白蘿蔔）。

就算沒有這七種材料也無所謂，找七種春天萌芽的青菜或可以吃的野草來做，反正是一種咒術兼祈願的節日，希望神祇保佑自己在這一年健康無病而已。做法是先把七草煮熟（一、二分鐘便可，蕪菁和蘿蔔切片煮久一點），再浸在冷水中去掉澀味，撈出擠乾，切碎混入粥裡，最後依個人口味加鹽。日式做法通常在粥內加日式湯頭，如此會隱約有甘味，不用加味精那類人工調味品。

另外，日本粥做法跟台灣式稀飯不同，要用沙鍋悶。先用中火煮開，再用勺子舀一下，以免米粒黏在鍋底煮成時會悶焦。之後蓋上鍋蓋用小火悶四、五十分鐘，其間都不能打開蓋子用勺子舀，關火前再打開鍋蓋放入切碎的七草，加鹽，用勺子舀勻，再蓋上鍋蓋悶五、六分鐘便完成。

鏡開き——かがみびらき／Kagamibiraki（一月十一日）

「鏡開き」就是用木槌把元旦期間裝飾的「鏡餅」打碎，做成紅豆湯或「雜煮」、炸麻糬。「鏡餅」是讓神祇附體的神聖食品，不能用刀刃切割，所以稱為「開き」（ひらき／Hiraki），打開門戶讓神祇回去之意。此外，看過日本電視新聞報導或日劇的人，應該曾看過選舉當選、商店開張大吉或婚禮時，會用槌子敲打酒桶的鏡頭吧？那行為也叫「鏡開き」，酒桶蓋子稱為「鏡」（かがみ／Kagami），敲開酒桶蓋子表示一切從新開始。

紅豆湯

成人式——せいじんしき／Seijinshiki（一月第二個星期一）

元月第二個星期一是「成人式」，本為一九四八年制定於元月十五日的國民假日，基於可以連放三天假，二〇〇〇年起又改為第二個星期一。

事前，日本全國各個市、區、町、村會寄明信片給當地年滿二十歲的人，請新成人在當天聚集在市政府或區公所指定的會場舉行成人儀式。年齡按照所謂的「學齡」（がくれい／Gakurei）方式計算，也就是前一年四月二日至當年四月一日生的人。但每年在日本全國某處都會發生事件，不是在會場喝酒鬧事，就是故意做些引起媒體注意的無聊事，因此每年都有新成人被捕。

神社在成人式會舉行射箭比賽

往昔，成人式是很莊重的儀式，沒人敢搗蛋，但是二〇〇一年香川縣（かがわけん／Kagawaken）高松市（たかまつし／Takamatsushi）市長於成人式那天在台上發表祝詞時，有五位新成人突然跑到台下對著市長放拉炮，並大喊大叫要市長下台。此事件經全國電視台播出後引起日本社會公憤，結果那五位鬧事的新成人在第三天主動自首。

在我看來，現代的日本新成人已經把戴冠儀式看成是一種祭典，也是另類的同窗會。又因日本法律規定滿二十歲才能抽煙、喝酒，所以每年用我們這些真正成人繳的稅金所辦的成人式，會場都有免費酒讓新成人喝個痛快，才會酒醉鬧事。

又因為有不少人離開家鄉到其他縣市就職升學，也有些地區將成人式訂在五月的黃金週或八月盂蘭盆節、正月元旦期間。成人式當天，大部分新成人都盛裝參加，男子不是穿西裝就是穿傳統和服，女子穿套裝或傳統未婚和服的「振袖」（ふりそで／Furisode），可以令人大飽眼福。

左頁圖｜未婚女孩在成人式穿振袖

小正月——こしょうがつ／Kosyo-gatsu（一月十五日）

元月十五日是「小正月」，通常吃紅豆粥，又稱「女正月」（おんなしょうがつ／On-na syo-gatsu），是讓女人休息的日子。

而這天也是「左義長」（さぎちょう／Sagicho-）日，要燒掉所有在元旦期間裝飾的注連繩或門松、初二寫的書法字等等，因此又稱「どんと焼き」（どんとやき／Dontoyaki）或「とんど焼き」（とんどやき／Tondoyaki），算是一種消災除惡的「火祭り」（ひまつり／Himatsuri，火祭）。

據說「年神」會隨黑煙升天，而燒火時用竹子串著麻糬、芋頭、糰子烤熟吃，一整年都可以無病息災。

左義長，燒掉所有正月期間裝飾的東西

二月

にがつ／Nigatsu

節分——せつぶん／Setsubun（二月三日）

「節分」是立春前一天。為了迎接春天並祈願身體健康，這天要進行「豆撒き」（まめまき／Mamemaki，撒豆子）儀式，把邪氣趕出門並迎進福神。此儀式也是傳自古代中國的「追儺」（ついな／Tsuina），「儺」是迎神賽會以樂舞驅逐疫鬼之意。《論語．鄉黨》記載：「鄉人儺，朝服而立于阼階。」儺舞是古時祭祀儺神時跳的舞，目的在於驅鬼逐疫，舞者頭戴面具，手執兵器，表演驅鬼捉鬼舞蹈。儺神是驅除瘟疫的神。

日本朝廷於八世紀奈良時代引進，是宮廷儀式之一，只是古代宮廷都在除夕那天舉行，韓國也有此傳統。簡單說來，往昔的「追儺」儀式便是今日的撒豆子「節分」。豆子是炒熟的「炒り豆」（いりまめ／Irimame，黃豆），稱為「福豆」（ふくまめ／Fukumame），撒豆子時要戴著妖鬼面具大喊「鬼は外，福は內」（おにはそと，ふくはうち／Oni wa soto Fuku wa uchi，鬼出去，福進來），由一家之主或當年是「年男」（としおとこ／Toshiotoko，生肖年男子）任職。像我這種單親家庭，就得由我這個家長負責撒豆子。

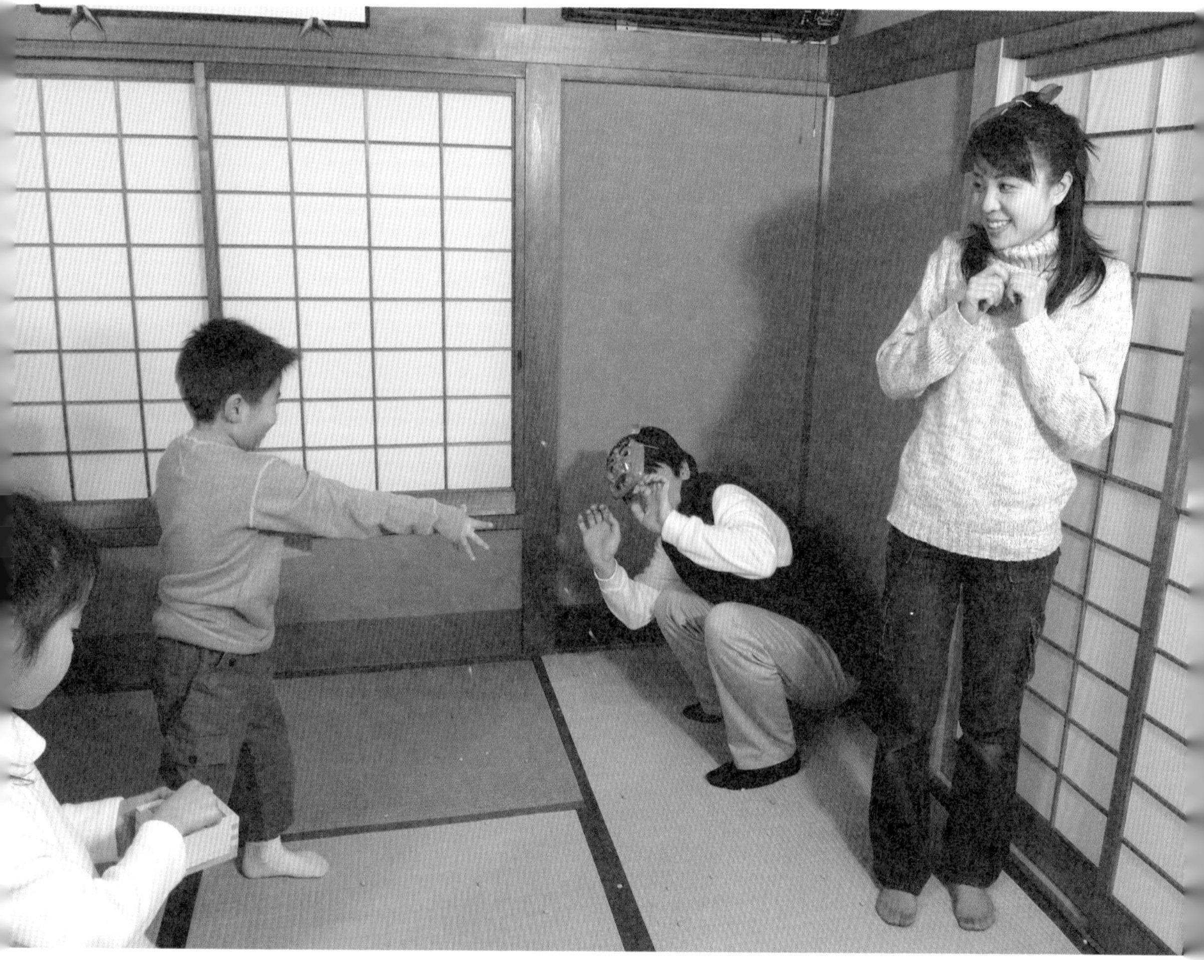

撒豆子把鬼趕出去

那為什麼一定是黃豆呢？這跟日本民間傳說有關。據說古時候京都鞍馬山（くらまやま／Kuramayama）住著「鬼」（おに／Oni），某天，毘沙門天（びしゃもんてん／Bishamonten）喚來七位賢者，命他們用三斗三升（約六百公升）的黃豆擊打鬼眼。鬼眼是「魔目」（まめ／Mame），用黃豆擊打鬼是「魔滅」（まめ／Mame），均與黃豆同音。

日本的「鬼」跟中國的「鬼」意義完全不同。中國的「鬼」指陰魂，日本的「鬼」出自「陰」（おん／On）這個字，「陰」意味所有邪氣，是故日本的「鬼」代表一切大自然災害、饑饉、疾病等等。

圖畫形象是全身紅色，頭上有兩根角，腰上纏著一條虎皮。十二支的丑屬陰，而鬼住在「鬼

全家人面帶微笑無言地吃惠方卷

門」（きもん／Kimon），也就是「艮」（うしとら／Ushitora），東北方，介於「丑」（うし／Ushi）、「寅」（とら／Tora）之間，日本慣常用「丑寅」（うしとら／Ushitora）代替「艮」。「丑」是牛，「寅」是虎，所以日本的鬼有牛角、虎牙，腰上纏虎皮。

黃豆必須炒熟是因為深恐撒下生黃豆，萬一發芽就變成邪氣再度萌生之意，而且「炒る」（いる／Iru）和「射る」（いる／Iru）同音，炒黃豆表示把黃豆射進鬼眼。

不過，有些祭祀鬼王的神社不能高喊「鬼出去」，還有姓氏中有「鬼」字的人家，例如姓「鬼頭」（きとう／Kito-）、「九鬼」（くき／Kuki）等人家也不能把自家姓氏趕出門。

此外，玄關要裝飾帶刺的「柊」（ヒイラギ／Hiiragi，柊葉，異葉木樨，學名：*Osmanthus heterophyllus*），葉子上刺著「鰯、鰮」（イワシ／Iwashi，沙丁魚）魚頭以便驅除「鬼」。據說柊葉刺和沙丁魚魚頭的臭味可以趕走屋內邪氣，有點類似蒜頭可以驅除吸血鬼的西方國家俗說。

撒完豆子，再各自吃下當年自己歲數（在此應該算虛歲）的黃豆，喝一杯「福豆茶」（ふくまめちゃ／Fukumamecha，豆子＋梅子＋鹹昆布＋熱茶），便可以一整年健健康康、快快活活地過日子。電視新聞報導會在這天播出全國各地著名神社邀請「年男」名人來撒豆子的光景，很多人會去搶豆子沾福氣。

這天還要吃「惠方卷」（えほうまき／Eho-maki）壽司，即裹著代表「七福神」（しちふくじん／Shichifukujin）的七種壽司餡粗卷壽司，而且不能切，必須面帶微笑無言地對著當年的「惠方」（えほう／Eho-，歲德神方位）整條吃光。

「惠方卷」起源是江戶時代末期的大阪商人為祈願生意興隆而興起，戰後不再流行，但一九七四年大阪紫菜商因石油恐慌而舉行「粗卷壽司快吃競賽」活動，引起大阪市民注目。一九七七年大阪紫菜批發商工會又在道頓堀（どうとんぼり／Do-tonbori）舉辦紫菜促銷活動，這風俗才在大阪正式復活。

可現今造成日本全國流行在「節分」吃「惠方卷」的鼻祖，則是日本7-11，是一九八九年廣島縣某家7-11店主提出的創意，結果大暢銷。於是一些便利商店連鎖店也跟著潮流走，逐漸自西國大阪流行至東國關東地區，甚至跳到北國北海道。

至於日本南國沖繩（おきなわ／Okinawa）吃不吃「惠方卷」，我就不太清楚。因為沖繩縣被日本政府列為保護地域，無論日本全國性銀行或便利商店、報紙，都不能進沖繩縣展開經濟活動，所以沖繩縣街頭看不到「7-11」（セブン—イレブン／Sebun-Irebun）招牌。以上是我幾年前到沖繩旅遊時，自沖繩縣那霸市（なはし／Nahashi）計程車司機口中聽來的。

不過沖繩縣看不到「7-11」招牌的實際原因，似乎基於該公司的經營戰略。總之，銀行、報社確實都跟內地不同，這大概也是沖繩縣至今仍能保持她原有的南國面貌之因吧。而對我們這些內地人來說，沖繩可以說是日本的夏威夷。

很多人會到神社搶年男名人撒的福豆

初午――はつうま／HatsuUma（二月第一個午日）

二月第一個午日是「稻荷神社」（いなりじんじゃ／Inari Jinja）祭日。往昔江戶時代，這天整個大江戶都掛滿紅旗幟，鼓聲不絕於耳，即便小孩子整天在街上敲鼓，大人也不會皺眉。街上時時可見大小鼓、「繪馬」（えま／Ema）叫賣攤販，攤販後跟著一大堆孩子。

各個町大門也掛了一對紅旗幟及燈籠，房東煮糯米飯分送給房客，房客則各自在稻荷神社前供奉酒及糕點。稻荷神社也是武家人的「屋敷神」（やしきがみ／Yashikigami，宅邸神），每戶武家宅邸內必定有座稻荷神社，而每個町至少有三、四座稻荷神社。這天，平素門禁森嚴的「大名」（だいみょう／Daimyo-）、「旗本」（はたもと／Hatamoto，將軍直屬家臣）府邸，也會門戶大開，讓一般庶民參拜宅邸內的稻荷神社，並免費提供茶水糕點。

一般口語都稱稻荷神社為「お稻荷さん」（おいなりさん／Oinarisan），總社是京都伏見稻荷大社（ふしみいなりたいしゃ／Fushimi Inari taisha），與佐賀縣（さがけん／Sagaken）祐德稻荷神社（ゆうとくいなりじんじゃ／Yu-toku Inari jinja）、茨城縣（いばらきけん／Ibarakiken）笠間稻荷神社（かさまいなりじんじゃ／Kasama Inari jinja）並稱日本三大稻荷。特徵是紅色「鳥居」（とりい／Torii），使者是「狐」（キツネ／Kitsune）。祭神是五穀豐穰神。

平安時代起，京都人便有於「初午」參拜稻荷大社之習慣。稻荷神社不但是五穀豐饒神，也是鍛造神，江戶時代逐漸演變為生意興隆的庇護神。此外，更是保佑女性發跡的神祇，若女性想在社會出人頭地，可以參拜一下稻荷神社。

全日本有四萬稻荷神社，若加上散布於各地的小祠堂、企業大廈屋頂或工廠角落的稻荷神社，則總計百萬以上。關東地區總社，亦是最有名的稻荷神社是東京都北區的王子稻荷神社（おうじいなりじんじゃ／O-ji Inari jinja）。

稻荷神社的使者，狐

針供養——はりくよう／Harikuyo-（二月八日）

「針供養」是把家中一年來用過或折斷、生鏽的縫紉針，拿到全國各地的淡島神社（あわしまじんじゃ／Awashima jinja）上供。神社方面會準備大豆腐或「コンニャク」（Konnyaku，蒟蒻）讓參拜者插針。往昔沒有裁縫機，衣物都是手縫，對婦女來說，裁縫箱是重要道具之一。江戶時代，所有婦女在這天都要煮一鍋芋頭、蒟蒻、紅蘿蔔、白蘿蔔、牛蒡、烤豆腐、紅豆的味噌汁，供奉在裁縫箱前慰勞。

而且這天不能做針線活，必須讓針休息一天。現代日本婦女會做針線活的人比較少，一般家庭已失去此傳統行事，但與衣物有關的行業或服裝設計學校等，依然延續此慣例。

如果有人在這天前往東京淺草寺（せんそうじ／Senso-ji）觀光，不妨順便到淡島堂（あわしまどう／Awashimado-）看看，人山人海，全是來上供縫紉針的女性。男性最好避而遠之，因為這些女性手中都有針，小心被人家誤認為是來「吃豆腐」的「痴漢」（ちかん／Chikan，色狼、性騷擾），給你暗刺一針。

上供了縫紉針後，回家做蒟蒻料理或「風呂吹き大根」（ふろふきだいこん／Furofuki daikon）吃，據說可以增強縫紉技術。

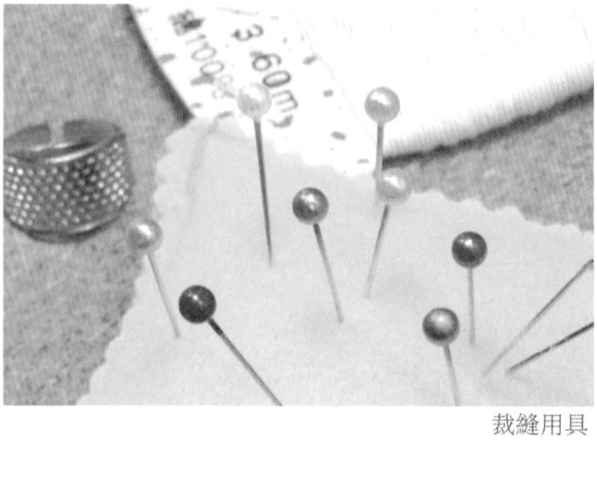

裁縫用具

建国記念の日——けんこくきねんのひ／Kenkoku kinen no hi（二月十一日）

往昔稱為紀元節（きげんせつ／Kigensetsu），也就是中文的國慶節。根據七二〇年成書的《日本書紀》（にほんしょき／Nihonshoki，日本現存最古老的正史）記載，第一任神武天皇（じんむてんのう／Jinmutenno-）於紀元前六六〇年二月十一日即位，於是政府於明治六年（一八七三）將這天訂為紀元節。

第二次世界大戰後，此節日被美國占領軍削除，一九六七年才又正式恢復為「建國紀念日」。

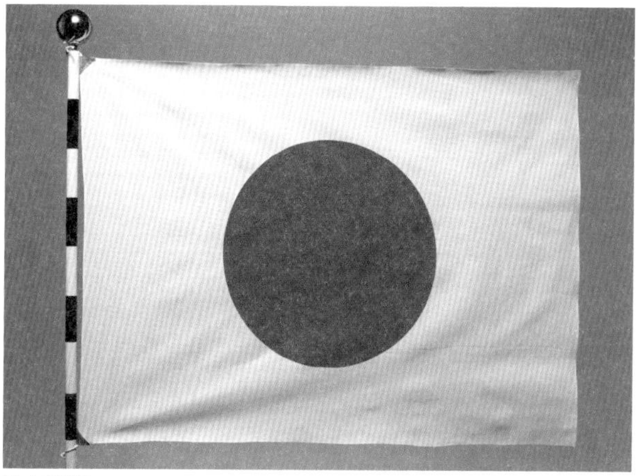
日本國旗

バレンタインデー——Barentainde-／英文：Valentine's Day（二月十四日）

二月十四日是情人節。西洋情人節最早是羅馬的牧神節，男子在這天可以利用抽籤方式選出當年度的戀人。三世紀時，變成紀念殉道者聖范倫坦斯的日子，後來又演變為戀人之間互贈卡片或禮物的節日。

比起一般外國情人節的過節方式，日式情人節可能比較特殊一點。雖然同樣是贈禮給戀人，可日本情人節的主角是女性，主權在女生手中，禮物也以「チョコレート」（Chokore-to／英文：chocolate，巧克力）為主。

這天，有八成左右的女生或忐忑不安、或煞有介事、或落落大方、或脈脈含情、或眉飛色舞、或……親手將手中包裝得精緻可愛的巧克力贈給男生。

巧克力又分兩種，「義理チョコ」（ぎりチョコ／Girichoko，義理巧克力）與「本命チョコ」（ほんめいチョコ／Honmeichoko，本命巧克力）。前者是半義務性或禮節性的巧克力，分發給公司男同事、上司、在工作上受益的客戶；後者才是

贈給真正的戀人、丈夫或暗戀對象。這兩種巧克力涇渭分明，「義理巧克力」通常是五百日圓以下那種平日可見的巧克力，「本命巧克力」是親手製、全球獨一無二的，要不就是高級巧克力附贈禮物。

情人節贈送巧克力的風氣起於一九五八年。這當然是巧克力商的主意，不過據說第一年只賣出三個心形巧克力。後來隨著時代變遷，日本女性逐漸擺脫傳統壓抑與逆來順受的意識，情人節才逐年蔚然成風，女生甚至乾脆搶走主權，不准男生在這天妄動，令所有男生在當天都只能聽憑女生宰割。

一九七八年，日本全國糖果點心工業公會才訂定了「ホワイトデー」（Howaitode-／英文：White Day，白色情人節），於三月十四日讓男生有公認的反擊機會，用糖果餅乾回覆或拒絕女生的情意。

有項統計很有趣。據說，女生對於「本命」（ほんめい／Honmei）男生，除了巧克力之外，大多還附上CD、書、紅酒、手錶、服飾、手織毛線衣。看到最後一項手織毛線衣，我不禁莞爾。一直以為現代日本女生大概不會做這種惹人憐愛的舉動，沒想到竟被列入六大禮物之中。

情人節禮物

我記得讀高中時，每逢情人節來臨前一個月，班上大概有半數以上的女生都在上課時間或下課休息時，孜孜不倦地打毛線衣。老師在這時期也都視而不見，不會特意責難女同學。當時我也跟著人家湊熱鬧，學打毛線衣，可是往往一件毛線衣還未完成，情人節便過了。誰叫當時的台灣國中不教女學生打毛線衣。日本都是小學就開始教，我高中上的是烹飪課啊！（我那個年代，日本學校只教女生這些家事，現在我兒子這些八〇年代出生的日本男生，小學起就得學縫紉、烹飪。）

不過，繼而想想，台灣高雄的氣候哪用得著毛線衣與圍巾？這不是我讀的國中不盡責，而是國情不同。還好高中畢業時，我已經能夠熟練地打出圍巾、背心和毛線衣。

日式情人節對女生來講的確是個特殊節日，這天女生可以藉由巧克力向男生公開表示「我要追你」。可男生的心境呢？根據統計，有八成以上的男生喜歡吃巧克力，不過有半數男生表示「不想過情人節」。為什麼？答案是：「這天俺的男性價值要遭到嚴厲考驗啊。」男生抱怨得沒錯，萬一當天連個義理巧克力都收不到，這個「俺」（おれ／Ore，日本男性自稱）豈不等於被貼上無人問津的標籤？

一般來講，小學生乃至六十歲以上的女生，不管已婚未婚，大半都喜氣洋洋地迎接情人節。可男生似乎對一個月後的「お返し」（おかえし／Okaeshi，返禮）很傷腦筋。若是義理巧克力，同樣以義理餅乾答謝即可。讓人頭痛的是本命巧克力。倘若自己也暗戀對方，只要約對方一起進餐或選購首飾回贈女生，雙方便不用繞遠道，可以一拍即合。

難堪的是落花有意，流水無情的例子，而最難耐的是那種無法辨別「義理」與「本命」隱意的巧克力。看樣子，男生似乎也有種種說不出口的苦衷。唯一舉雙手贊成情人節的少數派，出乎意料的竟是六十歲以上的男性，他們肯定情人節的最大理由是：情人節能扎根，表示日本處於和平狀態，是一種可喜的風氣。

我個人當然是肯定派，只是除了高中時代贈給老師以及上班時代贈給上司與男同事的義理巧克力以外，沒親手做過本命巧克力。所以我有個妄想，想在八十歲過後到養老院造反，於情人節那天拋撒本命巧克力給真正無人問津的老頭子，讓他們返老還童一下。

生為女人，即使無法風流人間，也要活得浪漫一些，不是嗎？

據說近兩年來又多了一種「友チョコ」（ともチョコ／Tomochoko，朋友巧克力），這是女生在情人節送給女生的巧克力。不過這裡頭似乎也有等級，對象是摯友的話，送手製巧克力；普通朋友的話，送市面上賣的普通巧克力。在我看來，這比義理巧克力或本命巧克力還難應付。

萬一，我認為對方是知己，卻在當天收到一個普通巧克力，教人情何以堪？

MIYA 002

MIYA 字解日本

十｜二｜歲｜時

國家圖書館出版品預行編目資料

MIYA字解日本：十二歲時／茂呂美耶著
．-- 初版. -- 臺北市：麥田, 城邦文化出版：
家庭傳媒城邦分公司發行, 2009.03
面； 公分. --（MIYA；2）
ISBN 978-986-173-485-9（平裝）
1. 文化 2. 日本
731.3　　98002366

作者　茂呂美耶
選書人　林秀梅
責任編輯　林怡君

副總編輯　林秀梅
總經理　陳蕙慧
發行人　涂玉雲
出版　**麥田出版**
城邦文化事業股份有限公司
100 台北市中正區信義路二段213號11樓
電話：02-23560933　傳真：02-23516320；02-23519179
部落格：http://blog.pixnet.net/ryefield
發行　**英屬蓋曼群島商家庭傳媒股份有限公司城邦分公司**
104 台北市中山區民生東路二段141號2樓
書虫客服服務專線：02-25007718；02-25007719
24小時傳真專線：02-25001990；02-25001991
服務時間：週一至週五 09:30-12:00／13:30-17:00
劃撥帳號：19863813；戶名：書虫股份有限公司
讀者服務信箱：service@readingclub.com.tw
歡迎光臨城邦讀書花園　網址：www.cite.com.tw
香港發行所　城邦(香港)出版集團有限公司
香港灣仔駱克道193號東超商業中心1樓　電話：(852)25086231　傳真：(852)25789337
E-mail：hkcite@biznetvigator.com
馬新發行所　城邦（馬新）出版集團【Cite(M) Sdn. Bhd.(458372U)】
11, Jalan 30D/146, Desa Tasik, Sungai Besi, 57000 Kuala Lumpur, Malaysia.
電話：(603) 90563833　傳真：(603) 90562833

美術設計　江孟達工作室
插畫繪製　張瓊文
印刷　鴻友印前數位整合股份有限公司
初版　一刷　2009年(民98) 3月10日
初版 十一刷　2014年(民103) 3月18日
售價　360元
ISBN　978-986-173-485-9

MiYA

MiYA

MiYA

MiYA